EL PRÓXIMO BULL RUN

Una guía práctica y fácil para entender las criptomonedas y como ganar en el próximo ciclo alcista

A mi esposa por el incondicional apoyo a todas mis

locuras

y a mis amigos a quienes les deseo muchísimo éxito en
sus inversiones.

Tabla de Contenido

Introducción

El auge de las criptomonedas ha sido considerado como la mayor oportunidad de riqueza o bien la estafa más importante desde el colapso de la estafa del "Wolf of Wall Street", Bernie Madoff, una de las estafas piramidales más conocidas.

A pesar del escepticismo inicial, mucha gente ha empezado a darse cuenta del potencial de las criptomonedas. Han observado cómo un número enorme de personas ha invertido con éxito en el sector. Además, los gobiernos y las instituciones financieras están empezando a aceptar y crear sus propias criptomonedas. Si las empresas y las economías más destacadas del mundo las están empezando a utilizar, ¿no debería usted también empezar a hacerlo?

Aunque mucha gente ha empezado a darse cuenta del potencial de las monedas digitales, todavía no está segura de sí debe invertir en el sector. Por eso he escrito este libro, para ayudarle a navegar por los diversos aspectos de las criptomonedas, pero de una manera sencilla, sin términos técnicos ni complicados y para que pueda despejar las dudas que aun pueda tener.

Con este libro podrá aprender lo siguiente:

- Fundamentos de las criptomonedas y las cadenas de bloques o blockchain
- Cómo elegir criptomonedas de forma inteligente y que estrategias utilizar
- Cómo proteger sus criptomonedas
- Cómo maximizar las ganancias y minimizar las pérdidas

Leyendo este libro usted no será un experto en todos estos temas. Sin embargo, podrá escuchar hablar sobre estos temas y entenderlos sin problemas. Además, podrá conversar con otros inversores sobre estos temas y expresar sus preocupaciones sobre el mercado de las criptomonedas sin sentirse poco preparado. Y lo que es aún más importante, podrá seguir informándose y educándose en los diferentes medios en internet teniendo una base sólida sobre las criptomonedas y la tecnología de blockchain. Este libro proporciona una base esencial que le permitirá formar parte de un sistema financiero en desarrollo que está cambiando nuestra vida cotidiana y que recién está empezando.

Satoshi Nakamoto, el famoso seudónimo del creador o creadores de Bitcoin, quería democratizar la acumulación de riqueza. También quería eliminar a los intermediarios de los sistemas financieros que, si bien brindan un servicio, es obsoleto, costoso y poco eficiente. Por el contrario, la tecnología que utilizan las cadenas de bloques, permite eliminar todo tipo de intermediarios incluyendo fronteras, sistemas políticos, sistemas sociales y minimizando el costo. Como resultado, está fuera del alcance de intermediarios que no tienen ningún derecho para decirle lo que puede hacer o no hacer con su dinero, dónde puede gastarlo y cuándo pueden acceder a él.

Construya sus ingresos y su riqueza

El mercado de las criptomonedas es el más volátil que existe, los precios pueden subir o bajar radicalmente en cuestión de minutos, lo cual lo convierte en un mercado altamente riesgoso si se quieren hacer inversiones de corto plazo, sin embargo, aún así, es posible y una de las herramientas que los inversores utilizan muy a menudo para hacer inversiones a corto plazo y con grandes retornos son los contratos de futuro. Sin embargo, es necesario dedicar mucho tiempo para entender los análisis tanto técnicos como fundamentales para poder tener éxito y de ellos hablaremos más adelante.

Hace varios años en mi afán por entender la bolsa de valores, empecé a investigar y a estudiar diferentes métodos o sistemas, desde el sistema tradicional de acciones, Forex, pero me di cuenta que el porcentaje de retorno no era significativo a no ser que se tuviera una gran cantidad de capital o que se tomaran riesgos elevados. Y un poco por la curiosidad de una tecnología que brindara privacidad, poca inversión inicial y un gran retorno de inversión a mediano plazo llegue al mundo de las criptomonedas por el año 2017, cuando muchos de los grandes proyectos de hoy en día estaban recién empezando.

Hoy por hoy tengo claro que métodos utilizar para reconocer tokens nuevos y con un gran potencial de crecimiento. Y con el deseo de compartir el potencial de inversión principalmente con familiares y amigos surgió la idea de escribir el libro que ahora usted está leyendo.

Quiero que más personas entren en el mercado de las criptomonedas y se beneficien de esta oportunidad. Cuantas más personas e instituciones inviertan en el mercado y utilicen cripto de manera cotidiana, más rápido podrá evolucionar el mercado y ser así aún más rentable, y más rápido podremos utilizar las criptomonedas como utilizamos el dinero en efectivo. A diferencia de otras formas de inversión, el mundo de las criptomonedas no es solo para las élites, los ricos y privilegiados que buscan concentrar la riqueza en su pequeño círculo. Esto es algo nuevo y diferente. Es accesible para todo el mundo, desde todo el mundo y todo el mundo tiene la oportunidad de crear más ingresos y riqueza con él.

Este libro pretende ayudar a la gente común y corriente a entender las tecnologías de criptomonedas y de cadenas de bloques, que llamare en adelante blockchain, y no solo a saber cómo funcionan, sino a saber cómo se puede invertir en ellas, ganar dinero y crear riqueza para generaciones venideras. He intentado explicar estas ideas a personas cercanas de manera personal, y continuamente veo el miedo, la incertidumbre, la curiosidad y las miradas de pánico en sus rostros cuando les menciono este mundo.

Además, es aún peor ver cómo la gente se entusiasma con las criptomonedas y toma decisiones de inversión impulsivas que los devastan financieramente en poco tiempo. Usted puede evitar esto si se toma el tiempo necesario para familiarizarse con las ideas, su aplicación, las ventajas y desventajas del mercado de las criptomonedas, y cómo asumir riesgos calculados al invertir en él.

Estamos viviendo momentos históricos, desde el cierre completo del mundo por la pandemia, hasta un par de guerras bélicas impensable en nuestros tiempos, una inflación global principalmente debida a la sobre impresión de dinero para contrarrestar los gastos de los eventos mencionados y a puertas de una de las más grandes recesiones de nuestra época. Sin considerar el inicio del cambio del sistema financiero actual a uno más independiente, seguro y moderno.

Quizás usted haya escuchado que la mejor inversión que uno puede hacer es en la educación de uno mismo, y es verdad, y es eso lo que usted ha hecho al obtener este libro, sinceramente espero que aprenda, de una manera sencilla, como si se lo explicásemos a nuestros padres, de una forma entretenida y que pueda utilizar estos conocimientos para crear resultados rentables en un periodo no muy largo y por usted mismo, sin intermediarios. Debo mencionar también que he intentado traducir cierta terminología al castellano, sin embargo he mantenido muchos términos en inglés, ya que a nivel global es mucho más fácil entender el contexto y encontrar información.

Desde ya les agradezco la oportunidad de poder explicarles este interesante mundo y espero de corazón que puedan compartir tanto el libro como los conocimientos que adquirían con sus amigos y familiares.

PARTE 1: DESCUBRIENDO EL MUNDO DE LAS CRIPTOMONEDAS

Usted está comenzando su viaje en un mundo nuevo. Es posible que se sienta abrumado por todo lo que cree que debe saber sobre las criptomonedas. Por lo tanto, su mentalidad es fundamental para determinar su éxito cuando empiece a invertir. La mayoría de las personas se han resistido al deseo de invertir principalmente por las siguientes razones:

- Miedo a perder dinero por malas experiencias
- Miedo a no ser capaz de entender las criptomonedas
- Agobio debido a su situación actual de vida
- Falta de tiempo
- Demasiadas responsabilidades o capital comprometido en otras inversiones
- Comodidad - su situación financiera actual es suficiente; ¿por qué cambiarla?
- Está preparado para aprender y no tiene miedo, pero no sabe cómo empezar

Un consejo antes de comenzar

Este libro le enseñará cómo aumentar rápidamente su comprensión de las criptomonedas sin horas de estudio técnico, aprendizaje de términos técnicos y confusión. Antes de comenzar tenga en cuenta algunos factores clave que afectarán su éxito y estos son su esfuerzo, objetivo y grupo.

Esfuerzo

Después de decidirse, el siguiente paso es comprometerse con el esfuerzo necesario para dominar la inversión en cripto. Pero primero, debe comprometerse a aprender un poco sobre las criptomonedas a diario. Su mentalidad debe ser: "Me tomaré un poco de tiempo cada día para aprender algo nuevo y no me rendiré". Se asombrará de lo mucho que ha aprendido a lo largo de los meses y años de estudio de cripto.

También debe adquirir materiales que le ayuden a aprender lo que quiere saber, lo que significa abastecerse de vídeos, libros, podcasts, boletines informativos, etc. que le enseñen lo que quiere aprender de la forma en que lo quiere aprender. ¿Por qué? Si el material es demasiado complejo o técnico pronto perderá el impulso de aprender porque se sentirá abrumado.

En última instancia, debe decidir seguir animándose a aprender sobre el mundo de las criptomonedas. Su pasión debe ser seguir aprendiendo.

Si está leyendo este libro, entonces está a mitad de camino para hacer que la inversión en cripto funcione para usted. Esto se debe a que ya ha tomado la iniciativa y tiene la mentalidad adecuada para empezar a aprender sobre las inversiones en criptomonedas. Y recuerde que se encuentra en una etapa increíblemente temprana en este mundo y está muy por delante del período de adopción masiva. Su objetivo ahora es seguir aprendiendo sobre las diferentes oportunidades de inversión y las formas de reducir las pérdidas. Debería estar orgulloso de haber recorrido este camino y ser uno de los primeros en adoptar la revolucionaria tecnología.

Objetivo

La claridad del objetivo es clave para mantener su esfuerzo y mantenerse fiel a su decisión. Para comenzar este proceso, debe enumerar las razones por las que desea invertir. Muchas personas deciden invertir en cripto para hacer lo siguiente

- Hacer nuevas compras, como un coche o una casa nueva
- Pagar los gastos de educación de sus hijos/la matrícula
- Pagar deudas (por ejemplo, la hipoteca de la casa, préstamos estudiantiles, gastos médicos)
- Iniciar sus negocios
- Diversificar sus inversiones
- Lograr la anhelada libertad financiera
- Generar ingresos residuales mensuales
- Renunciar sus trabajos actuales
- Generar riqueza para sus generaciones futuras

Grupo

Encuentre un grupo de personas con ideas afines que quieren aprender sobre las criptomonedas y que comparten objetivos similares con usted. Deberían reunirse en un momento y lugar determinados (en persona o en línea) durante 30 minutos o una hora de ser posible dos veces al mes. Como grupo, se alentarán, apoyarán y enseñarán unos a otros durante sus respectivas experiencias con cripto. Además, los miembros de su grupo pueden ayudarle a evitar posibles problemas y proponer ideas que nunca se le habrían ocurrido. Por último, con su grupo, se sorprenderá de lo rápido que puede aprender sobre la inversión y el comercio de criptomonedas. Hay plataformas como Discord o Telegram, donde hay muchos grupos los cuales comparten todo tipo de información sobre cripto e inversiones.

¿Qué Beneficios tienen las criptomonedas?

Sea su propio Banco

Las criptomonedas le permiten ser su propio banco. Cuando posee cripto, es una forma de conservar el valor de su dinero, también puede utilizarlas para pedir dinero prestado. Además, sus tokens pueden utilizarse como garantía, como dinero de préstamo a otros cripto inversores y así ganar intereses, y para realizar pagos transfronterizos sin comisión, utilizando la tecnología de blockchain.

Veamos algunas cosas que puede hacer si tiene criptomonedas:

Puede pedir un préstamo utilizando su propio cripto como pago colateral, por ejemplo, en Coinbase, una de las mayores plataformas de intercambio de criptomonedas del mundo o NEXO, puede pedir préstamos utilizando Bitcoin (BTC) u otras criptomonedas como garantía del préstamo. El prestamista le cobrará intereses; sin embargo, no habrá comprobación de crédito. Estos préstamos a corto plazo tienen tipos de interés variables y pueden ser inmensamente útiles para alguien que necesita dinero rápido para cerrar una inversión abierta.

Independencia financiera

Cripto proporciona independencia financiera de su gobierno, el banco central y agencias reguladoras. Ahora mismo, algunas personas en ciertos paises no pueden sacar de su banco cantidades sustanciales de su propio dinero sin la aprobación de un funcionario bancario. Algunas personas no pueden enviar decenas de miles de dólares a todo el mundo para iniciar un negocio, ayudar a un amigo o pagar la matrícula de sus hijos sin la aprobación del gobierno de turno. Además, puede ser frustrante que sus transacciones financieras se retrasen o se detengan porque no se ajustan a las directrices de una agencia reguladora que ni siquiera entiende lo que está haciendo.

La independencia financiera que le ofrece las criptomonedas es su oportunidad de decidir cómo gastará su dinero, cuándo lo gastará y con quién lo gastará. Además, le dará acceso a su dinero las 24 horas del día, los 7 días de la semana. La independencia financiera es posible y se realiza de forma privada utilizando un dispositivo electrónico y la contraseña de su cripto cartera o *Wallet*. Es liberador saber que tiene el control total de sus finanzas, su dinero y sus inversiones y que puede acceder a su dinero sin pedir permiso a nadie.

Libertad para vivir en cualquier lugar

Se puede acceder a las criptomonedas en cualquier lugar del mundo y en cualquier momento. Todo lo que necesita es un dispositivo electrónico y acceso a Internet. Las podrá intercambiar a papel moneda tradicional o generado por los gobiernos, también llamado dinero FIAT. Además, las plataformas de intercambio le ayudarán a guardar sus criptomonedas y a transferirlas a diferentes destinos. Este servicio le permite acceder a su cripto incluso en un país que haya prohibido una determinada criptomoneda.

Con cripto puede residir en cualquier lugar, viajar a cualquier lugar y vivir su mejor vida sin el permiso de nadie. A menudo, la situación financiera de las personas restringe dónde y cómo pueden vivir al limitar su acceso a sus finanzas. El uso de cripto elimina estos obstáculos y le permite vivir y viajar dentro de sus posibilidades, acceder a sus fondos pase lo que pase y mantener la seguridad financiera.

Independencia de entidades gubernamentales

Satoshi Nakamoto creó Bitcoin y lo lanzó al público en 2009 porque quería democratizar la acumulación de riqueza. La mejor manera de democratizar la acumulación de riqueza es mantener al gobierno, los bancos y las instituciones financieras fuera de los asuntos financieros de la gente. Cuando el gobierno le vigila, es un reto para usted actuar en su propio interés o hacer cosas que alteren el statu quo. Sin embargo, las instituciones públicas ya no forman parte de la ecuación cuando se utiliza cripto.

El gobierno, sus agencias y sus intermediarios no regulan sus transacciones, inversiones, el intercambio de sus tokens o el movimiento de cripto en el mundo. Esta flexibilidad le ofrece oportunidades ilimitadas para hacer cosas que la gente que trabaja dentro del sistema financiero tradicional no puede hacer. Otros deben lidiar con comisiones excesivas, regulaciones financieras y posibles oportunidades perdidas debido a la incompetencia y lentitud de algunos estados y sus sistemas.

Capacidad de obtener grandes rendimientos

Con el paso del tiempo, cripto ha sido la fuente de riqueza de muchos cripto millonarios. Además, invirtiendo en criptomonedas, la gente ha pagado sus hipotecas, préstamos estudiantiles, deudas de tarjetas de crédito e incluso las cuotas escolares de sus hijos. Estas personas han acumulado riqueza, han pagado sus deudas y han alcanzado otros objetivos financieros porque las criptomonedas proporcionan un extraordinario rendimiento de la inversión. Si gestiona bien sus cripto activos y se protege de las caídas del mercado, puede obtener rendimientos excepcionales. También puede reinvertir sus rendimientos y ganar aún más dinero.

La era del cripto no ha pasado. Habrá más mercados bajistas para que la gente obtenga rendimientos extraordinarios. En esos mercados, los buenos inversores podrán duplicar -quizá incluso triplicar- el valor de sus cripto activos. A medida que más personas entren en este mercado, habrá más oportunidades para invertir y obtener rendimientos más significativos, más formas de diversificar su cartera y más criptomonedas para incluir en su cartera.

Hay múltiples formas de ganar dinero invirtiendo en cripto, aparte del intercambio de ellas. Otros vehículos de inversión incluyen:

- Tokens de cripto acciones - Las acciones tokenizadas son una nueva y emocionante forma de invertir en el mercado. Dado que se crean en plataformas habilitadas por la tecnología de blockchain, las acciones tokenizadas pueden comprarse y venderse las 24 horas del día, con comisiones mínimas, en comparación con las bolsas tradicionales que opera en horarios determinados. Además, el valor de estas monedas digitales se deriva directamente del activo subyacente, por lo que puede obtener exposición a algunas de las mayores empresas del mundo.

- Cripto derivados (contratos de futuros y opciones) - Los derivados en el mercado financiero tradicional consisten en contratos que derivan su valor de un activo subyacente. Por ejemplo, las criptomonedas tienen sus derivados, en los que los operadores realizan operaciones con derivados para especular sobre los cambios en el precio de una criptomoneda. Los derivados permiten a los operadores tomar posiciones sobre los activos sin poseerlos en forma de futuros, perpetuos y opciones.

- Fondos de acción cotizados (ETF) de criptomonedas - Un ETF (Exchange Traded Fund) por sus siglas en inglés, de criptomonedas, es un fondo que proporciona exposición al precio de uno o más tokens digitales. Un ETF de cripto sigue el precio de una o más criptomonedas, lo que permite a los inversores captar los cambios de valor sin tomar posesión del activo. Los ETF se negocian en las principales bolsas y pueden comprarse y venderse a precio de mercado como cualquier otra acción.

- Productos negociados en bolsa (ETP) de criptomonedas - Los ETP (Exchange Traded Product) por sus siglas en inglés, rastrean un activo o grupo de activos subyacentes.

Se comportan de forma muy parecida a una acción y pueden negociarse en una bolsa. Los ETF son los ETP más populares. Los tipos más populares de ETF se gestionan de forma pasiva, por lo que suelen tener comisiones más bajas que los fondos de inversión de gestión activa.

Además, a medida que pasa el tiempo, se están abriendo más oportunidades de inversión directamente relacionadas con las criptomonedas. Estas oportunidades le permitirán ganar dinero, mejorar su situación financiera, diversificar su cartera y obtener un rendimiento extraordinario de sus inversiones en cripto.

Más privacidad

Usted lleva a cabo las transacciones de criptomonedas en la blockchain. Las blockchain, específicamente las blockchain públicas, son conocidas por tener libros de contabilidad transparentes. Un libro de contabilidad transparente significa que el público puede observar todas las transacciones que ocurren en la blockchain. Sin embargo, el público no identifica quién está involucrado en las transacciones en su red. Así, el público no conoce las identidades de las partes implicadas en las transacciones en una blockchain pública. En su lugar, largas cadenas de valores alfanuméricos indescifrables ocultan las identidades de las partes que realizan las transacciones.

Como las identidades están ocultas, sus transacciones son privadas. Nadie que usted conozca o con quien haga negocios sabrá lo que está haciendo, con quién lo está haciendo o cuánto cripto está involucrado en la transacción. La identidad no revelada y este nivel de privacidad son casi inexistentes en los mercados tradicionales. La criptomoneda permite la privacidad financiera en una era en la que la vigilancia nos rodea y es casi imposible escapar de ella.

Fin de las comisiones en los servicios de remesas

Para las personas que quieren enviar dinero a sus familiares, amigos u otras personas para disponer de fondos para pagar gastos de emergencia, facturas o lo que sea, siempre hay un coste cuando se utiliza un servicio que envíe el dinero rápidamente. Numerosas empresas de transferencia de dinero de terceros, como *Western*

Union o *Moneygram*, transferirán dinero de usted a otra persona en cualquier parte del mundo en cuestión de minutos u horas. Sin embargo, estos servicios cobran tasas por la transacción y le exigen que complete un formulario antes de poder enviar el dinero. En otros casos, es posible que quiera enviar dinero a alguien mediante una transferencia bancaria, tal vez porque es más fácil y usted tiene una cuenta bancaria. Sin embargo, también tendrá que pagar las tasas de transacción de la transferencia bancaria. Además, es posible que la transferencia no se complete durante días y en algunos casos, más de una semana.

Utilizando cripto, puede transferir dinero a personas de cualquier lugar del mundo, y esas personas recibirán la transferencia en menos de un segundo o en máximo una hora. Además, fuera de la tarifa que se cobra por ejecutar una transacción de blockchain, no hay otras tarifas de envío que deba pagar. Eso significa que llega más dinero a las personas que lo necesitan que cuando se utiliza un servicio de envío de dinero. Además, para acceder a sus activos y enviarlos al receptor, éste no tiene que tener una cuenta bancaria ni presentar una identificación, lo que facilita que la gente recoja los cripto fondos y los utilice inmediatamente.

Fiat o monedas fiduciarias

Tanto las criptomonedas como las monedas fiduciarias son medios de intercambio, pero se diferencian en varios aspectos. La emisión y el gobierno de la moneda fíat son dictados por los bancos centrales de cada país, mientras que son los protocolos, códigos y comunidades de las blockchain los que gobiernan las criptomonedas. La moneda fíat requiere intermediarios para distribuir su curso legal, mientras que la criptomoneda se basa en el consenso entre pares para realizar transacciones "de confianza". También hay diferencias técnicas entre estos activos digitales: las criptomonedas utilizan un libro de contabilidad distribuido conocido como blockchain para facilitar las transferencias monetarias; la moneda fiduciaria se transmite utilizando una red bancaria que opera una infraestructura de red de mensajería SWIFT. La moneda fiduciaria es el papel moneda de cada país que utilizamos hoy en día.

Tarjetas de crédito/debito con cripto y Fiat

Las tarjetas de crédito y débito con criptomoneda y moneda fiduciaria existen. En este momento, Visa cuenta con más de 50 socios diferentes y conecta a sus clientes con más de 70 millones de comercios de todo el mundo. Visa y sus socios permiten a los clientes de Visa utilizar criptomonedas y moneda fiduciaria para pagar sus compras con tarjeta de crédito. Este servicio es tan popular que, en los dos primeros trimestres de 2021, Visa procesó más de 1.000 millones de dólares en pagos con criptomonedas. Y con números no muy diferente lo hace MasterCard.

Coinbase o Binance, las plataformas de intercambio en línea más grandes, ofrecen una tarjeta de débito. Permite a sus titulares utilizar su cripto en cualquier comercio de la red global de Visa o MasterCard y ganar recompensas o *cashback*. La tarjeta es un matrimonio entre las finanzas tradicionales y el blockchain. Une a la perfección los dos mundos. La unión de los dos sistemas garantiza que los titulares de cripto no se pierdan las oportunidades disponibles para las personas que utilizan moneda fiduciaria. Con el tiempo, estos servicios se ampliarán, se apoyarán mutuamente y ofrecerán a los usuarios más recompensas y opciones. Además, el aumento de estos servicios y características de las tarjetas de cripto las hace más atractivas y competitivas que las tarjetas de crédito y débito tradicionales.

Innovaciones de Blockchain

La tecnología blockchain, en particular la blockchain de Ethereum, ha sido la fuente de impresionantes innovaciones tecnológicas. Además, estas tecnologías siguen avanzando y son cada vez más aceptadas y fiables por una comunidad de usuarios cada vez mayor. En esta sección examinaremos algunas de las innovaciones más notables y por qué son útiles para usted.

Contratos Inteligentes

Los contratos inteligentes son contratos autoejecutables que no utilizan a terceros. En su lugar, se crean contratos inteligentes utilizando un código informático. Las partes del contrato deciden qué condiciones y términos deben cumplirse antes de que los pagos por servicios y bienes se transfieran entre ellos.

Algunas personas prefieren utilizar los contratos inteligentes en lugar de los contratos tradicionales porque no requieren los servicios de notarias, abogados, contables, auditores o cualquier otro profesional especializado después de que el contrato haya sido codificado y ejecutado.

DeFi Finanzas descentralizadas

Finanzas descentralizadas (DeFi) es el término general utilizado para referirse a las actividades bancarias y comerciales realizadas en la blockchain, principalmente en Ethereum. Estas actividades incluyen el préstamo, la compra de seguros, el comercio de cripto activos, el comercio de derivados y el comercio de tokens de acciones.

Cuando se realizan estas actividades financieras se llevan a cabo de forma más rápida, sin intermediarios de terceros ni autoridades reguladoras que supervisen su ejecución. Al igual que una transferencia de criptomonedas en blockchain, las transacciones de DeFi son transacciones entre pares.

Los usuarios de la blockchain en las redes que utilizan aplicaciones DeFi pueden acceder a ellas y realizar transacciones DeFi. Algunas de las ventajas son que no hay que rellenar solicitudes/formularios relacionados con las transacciones, ni abrir cuentas, ni contratar a corredores o agentes, ni realizar procesos de aprobación. Es, de hecho, un proceso muy racionalizado que permite al realizar actividades financieras en privado con inversiones mínimas y con comisiones muy bajas.

Aplicaciones descentralizadas

Las aplicaciones descentralizadas (dApps) pueden ejecutarse en blockchains o en redes entre pares (por ejemplo, Tor, BitTorrent, Cardano, Solana). Las redes entre pares o ingles *peer-to-peer* o P2P, son aquellas en las que las transacciones se realizan entre dos usuarios en internet y sin intermediarios. Como ejemplo de una transacción centralizada, si usted quisiera reservar un viaje en Uber, entonces la compañía Uber estaría involucrada como un intermediario. Pero las transacciones entre pares no tienen autoridad de terceros. Las dApps no solo son transacciones *peer-*

to-peer, sino que los datos transaccionados también se almacenan en la blockchain, lo que significa que hay un libro de contabilidad inmutable para registrar todas las transacciones. Repasaremos todas las cualidades únicas de blockchain más adelante en este libro.

Las interfaces de usuario de las dApps son idénticas a las de los sitios web y aplicaciones móviles. También utilizan contratos inteligentes para gestionar los pagos y otras transacciones en la aplicación. Las dApps pueden ejecutar varios contratos inteligentes simultáneamente.

Se pueden utilizar las dApps en las finanzas, la medicina, los juegos y el almacenamiento de archivos. Son como las aplicaciones que utilizamos a diario. La principal diferencia entre las dApps y las aplicaciones tradicionales, es que las dApps se ejecutan en la cadena de bloques, sin ubicación centralizada en un servidor, ni intermediarios. Además, las dApps son menos vulnerables a los ataques de virus que las aplicaciones que se ejecutan en un sistema centralizado.

NFT Tokens no intercambiables

Los tokens no intercambiables o NFT (Non Fungible Tokens) por sus siglas en inglés, son fichas electrónicas que proporcionan evidencia de la propiedad de un artículo único. Los NFT son objetos tokenizados que se pueden comprar. Por ejemplo, puede comprar un NFT de arte, música, vídeos, bienes inmuebles virtuales o reales, documentos legales, GIFs, tweets, escrituras de coches y otros objetos de colección. El valor de los NFT proviene de su escasez debido al número limitado de NFT autorizados que se venden al público. Puede encontrar pruebas o evidencias de la autenticidad de un NFT en sus metadatos. Los metadatos del NFT contienen su fecha de creación, la información del creador y el título de propiedad.

Las NFT no son intercambiables con las criptomonedas (por ejemplo, ETH, Bitcoin, XRP). Cada NFT es única y tiene un identificador único. Su código de acceso (es decir, su clave privada) es la prueba de que es dueño de su NFT. Además, cada

NFT tiene una clave pública del creador. La firma pública del creador (es decir, la clave pública) prueba que una persona/entidad específica creó el NFT.

Aunque cualquiera puede copiar los NFT (son estrictamente un código informático), algunas personas atribuyen un valor inmenso a su posesión. La analogía más común para explicar este pensamiento es que cualquiera puede comprar una copia falsificada de un cuadro de Van Gogh. Sin embargo, solo una persona puede poseer y exhibir el auténtico cuadro de Van Gogh.

P2E Juegos con beneficios

Los juegos *Play-to-Earn P2E* son dApps en una blockchain, principalmente la blockchain de Ethereum, donde la gente puede ganar tokens mientras juega a estos juegos, y se pueden almacenar los tokens ganados durante los juegos P2E en las cripto carteras de los jugadores.

Algunos juegos P2E permiten a los jugadores apostar en torneos de juegos, partidos y clasificaciones de jugadores. Hoy en día, algunas personas juegan a juegos P2E para obtener ingresos alternativos. Algunos juegos P2E requieren que los jugadores paguen una cuota para poder participar. Otros, especialmente los más nuevos, permiten a los jugadores unirse al juego, pero deben pagar por los suministros del juego con los tokens creados por el juego si quieren participar.

El valor de los tokens de cada juego se da según la popularidad del juego y algunos como Axie Infinity, fueron un boom durante la pandemia y el precio se incrementó más de 1000% de su valor inicial, muchas personas invierten en estos tokens no por el juego en sí, sino para aprovechar una tendencia y obtener beneficios a corto plazo, pero, así como pueden crecer, pueden llegar a desaparecer.

PARTE 2: EVOLUCION DEL SISTEMA FINANCIERO

Cripto es la última evolución del dinero. La tecnología Blockchain ha hecho posible el uso de cripto en transacciones sin fronteras, seguras y sin intermediarios. Además, abre una amplia variedad de transacciones alternativas que puede realizar fuera del sistema financiero tradicional.

¿Porque es Cripto tan importante?

Cripto proporciona al ciudadano medio una verdadera soberanía financiera y riqueza. A medida que esta tecnología evolucione, creará enormes beneficios durante generaciones. Las personas que se beneficien de ella serán las que se den cuenta de sus oportunidades de generación de ingresos e inviertan en ella en el momento adecuado. Además, a medida que más personas inviertan en cripto, ésta ganará impulso y se verá impulsada en la sociedad. A medida que la sociedad adopte gradualmente cripto y se dé cuenta de su verdadero potencial y poder, se convertirá en algo omnipresente. Los individuos que deseen la independencia financiera y crear una riqueza que dure generaciones estarán mejor servidos financieramente invirtiendo en cripto.

Definición de moneda

En esencia, la moneda es una forma común de poner precio al trabajo, la productividad y el valor de las personas y sus cosas. Además, la moneda es lo que nuestra sociedad acuerda aceptar como medio de pago por bienes y servicios. Así pues, se da valor al dinero y la comunidad evalúa entonces el valor de sus bienes y servicios utilizando la moneda socialmente aceptada.

Historia del Dinero

Los sistemas monetarios han evolucionado desde el trueque hasta la moneda digital. Veamos cómo la moneda se ha evolucionado desde el intercambio de sus productos o servicios y el comercio de bienes hasta el envío de datos electrónicos desde un dispositivo electrónico a través de Internet.

Trueque

Con el sistema de trueque, que todavía utilizan muchas personas en todo el mundo, la gente puede obtener bienes y servicios intercambiando otros bienes y servicios. Por ejemplo, si un carnicero quiere una nueva mesa de madera para su casa, puede ofrecer al carpintero del pueblo suficientes carne para pagar la mesa de madera.

El problema de este sistema es que las personas están limitadas a los bienes y servicios que pueden proporcionar a los demás. O bien deben pasar por una serie de transacciones diferentes antes de poder conseguir algo que la otra persona quiere e intercambiarlo por lo que quiere de esa persona.

Objetos naturales

Algunas sociedades pudieron alejarse del sistema de trueque. Estas sociedades primitivas utilizaban en cambio objetos naturales como forma de moneda. Utilizaban cosas como las conchas de cauri y los dientes de ballena. A estos objetos naturales se les asignaba un valor específico y podían utilizarse para comprar bienes y servicios. Funcionaban como moneda porque eran una forma de pago aceptada por todos a cambio de otras cosas.

La moneda de las naciones soberanas

Con el tiempo, las naciones soberanas decidieron no utilizar objetos naturales y se alejaron del sistema de trueque. Lo hicieron emitiendo sus propias monedas. La moneda a menudo llevaba impreso el rostro de un rey, una reina o un príncipe, y el gobierno de la nación la valoraba y aceptaba como moneda dentro de sus fronteras. Este dinero estaba respaldado por la reputación, los activos, el crédito y las reservas del país.

El problema con esta moneda era que solo era tan buena como el crédito y la reputación de la nación. Por lo tanto, existía la preocupación de comerciar con ella o comprar bienes y servicios fuera del país. Además, este problema se agravaba si el gobierno estaba en guerra, en una situación financiera grave o se enfrentaba a la inestabilidad política.

Metales

Cuando las sociedades se dieron cuenta del potencial y el valor de los metales, comenzaron a utilizarlos como formas de pago. Los metales no solo eran valiosos como métodos de pago, sino que se podían utilizar para crear armas de guerra, suministros de cocina y herraduras para los caballos.

La sociedad derivó el valor del propio dinero del uso real de los metales en la comunidad. La utilidad del dinero es importante, porque cuando los bienes y servicios se valoran utilizando el metal (por ejemplo, el hierro, la plata, el cobre), el valor del metal está correlacionado con su valor en la sociedad, particularmente su importancia para el gobierno y el ejército. Por ejemplo, cuando el país debía pagar las deudas de guerra o el gobierno se preparaba para la guerra, el gobierno exigía a los habitantes del reino que contribuyeran con sus metales (por ejemplo, oro, plata, cobre) al esfuerzo bélico del gobierno o al pago de la deuda.

Monedas de metal

En lugar de limitarse a intercambiar trozos de metal, los gobiernos decidieron crear monedas de metal. Los gobiernos convirtieron en monedas metales específicos con valores particulares en esa sociedad. La gente podía entonces intercambiar las monedas por bienes y servicios. Sabemos que esto era muy conveniente para algunas sociedades porque los acuñadores de monedas hacían agujeros en el centro de las mismas para que la gente pudiera llevarlas fácilmente en cuerdas de un lugar a otro.

Las monedas eran más fáciles de transportar, esconder, asegurar y valorar que las diversas piezas de metal que la gente conseguía adquirir. También eran más fáciles de intercambiar entre distintos reinos. La gente de otros dominios podía evaluar y valorar el valor de un metal y decidir lo que valía, en términos de bienes y servicios en su reino. En resumen, no era necesario el dominio que creaba la moneda de metal, sino el tipo de metal utilizado en las monedas. Además, estas monedas de metal también podían fundirse y utilizarse para fabricar ollas, herraduras, espadas, armaduras y otros artículos que el reino pudiera necesitar.

Las monedas se convirtieron en una gran mejora con respecto al sistema de trueque, los objetos naturales y el metal (en general), pero tenían un inconveniente importante: la gente sabía cómo falsificar las monedas. La gente fabricaba monedas de metal falsas y las cambiaba por bienes y servicios. Las personas que lo hacían utilizaban metal de calidad inferior u otros trucos para que sus monedas parecieran y se sintieran auténticas. En consecuencia, los comerciantes y el público debían ser increíblemente cuidadosos al recibir e intercambiar monedas de metal.

Papel moneda respaldado por oro

Más tarde, los gobiernos comenzaron a emitir papel moneda. El papel moneda era más ligero, más fácil de transportar, más fácil de esconder, más fácil de asegurar y transmitía la soberanía de un gobierno. Por lo tanto, la gente gobernada por el gobierno aceptaba el papel moneda a cambio de bienes y servicios. Al principio, el gobierno no respaldaba el papel moneda con oro. En su lugar, el gobierno aprobaba el papel moneda mediante su palabra de que lo emitía. En resumen, el gobierno decía que el dinero tenía un valor determinado y el gobierno exigía a los ciudadanos que aceptaran el papel moneda a cambio de bienes y servicios. El problema de este sistema era que no funcionaba bien a la hora de comprar bienes y servicios en otros países. También era problemático si el país que emitía el dinero tenía problemas políticos y socioeconómicos o si el futuro del gobierno del país estaba en duda.

A finales del siglo XIX, los gobiernos decidieron respaldar su moneda con oro. El papel moneda respaldado por oro era mucho más fácil de intercambiar con otros gobiernos y los países aceptaban más ampliamente el papel moneda respaldado por oro que el papel moneda que los países no respaldados con oro. ¿Por qué? Porque, en aquella época, si uno tenía papel moneda respaldado por oro, podía llevarlo a un banco o institución financiera y cambiar el papel moneda por su equivalente en oro. El papel moneda respaldado por oro hacía que la gente se sintiera más segura sobre el valor de sus bienes y servicios, y el valor del papel moneda y facilitaba mucho el comercio internacional.

Moneda fíat - Papel moneda sin el patrón oro

Alrededor de la década de 1930, algunos países decidieron abandonar el patrón oro. Estos países querían aumentar la cantidad de dinero en circulación, pero no tener que aumentar sus reservas de oro. En esencia, los países estaban imprimiendo dinero sin respaldo. En la década de 1970, todas las naciones habían abandonado el patrón oro. Sin embargo, los gobiernos y los bancos mantienen reservas fraccionarias de oro. ¿Qué son las reservas fraccionarias? Las reservas fraccionarias son cuando solo una fracción del valor de la moneda en circulación está respaldada por el oro. Es decir, no respalda todo el dinero en circulación.

Este nuevo papel moneda no está respaldado y se denomina moneda fiduciaria. El problema de la moneda fiduciaria es que los gobiernos pueden emitir nuevo papel moneda cuando quieran, pero su valor no está respaldado. Así que, a medida que los gobiernos imprimen más papel moneda, el valor de su dinero disminuye. Esto es exactamente lo que está pasando hoy en día a niveles nunca antes visto, los papeles están imprimiendo demasiado dinero, empezando por Estados Unidos, lo que hace que la capacidad de compra sea menor, es decir los 100 dólares que tenía hace un año, ya no alcanzan para comprar los mismos productos este año. Y esto es lo que se denomina inflación.

Tarjetas de crédito

Las instituciones financieras introdujeron las tarjetas de crédito en la primera mitad del siglo XX. Al principio, las tarjetas de crédito eran para los ricos, los famosos, los bien conectados y la élite. Sin embargo, con el tiempo se pusieron a disposición de otros segmentos de la sociedad. Las tarjetas de crédito atraen a las personas para que paguen bienes y servicios utilizando el crédito que les concede una compañía de tarjetas de crédito. La compañía de tarjetas de crédito pagará sus facturas, entendiendo que los propietarios de las tarjetas de crédito devolverán el dinero a la compañía de tarjetas de crédito.

A lo largo de los años, las tarjetas de crédito se han convertido en un negocio muy lucrativo para muchas empresas de crédito. A finales del siglo XX, muchas empresas de tarjetas de crédito empezaron a poner sus tarjetas a disposición de las personas con menores ingresos que no podían permitirse tarjetas de crédito de bajo interés. En su lugar, les ofrecían tarjetas de crédito de alto interés con saldos bajos. Estos hogares de bajos ingresos suelen utilizar las tarjetas de crédito para pagar los gastos básicos, el ocio y las emergencias. Desgraciadamente, la incapacidad de estos hogares para ganar suficiente dinero para pagar sus gastos de subsistencia ha llevado a muchos a endeudarse con tarjetas de crédito.

Dinero digital (moneda digitalizada, criptomoneda)

La última evolución del dinero es el dinero digital. La criptomoneda es la primera forma de dinero digital creada como medio de pago. Las criptomonedas originales, Bitcoin (BTC) y Ethereum (ETH) no están respaldadas por activos, sino que adquieren valor en función de su utilidad. Sin embargo, algunas criptomonedas están respaldadas por moneda fiduciaria, papel comercial, materias primas, metales preciosos, bienes inmuebles, etc.

Las criptomonedas no deben confundirse con la moneda fiduciaria digitalizada. En este momento, Estados Unidos, China y otras naciones están desarrollando su moneda digitalizada. La moneda digitalizada es esencialmente una moneda fiduciaria electrónica. Tiene el mismo valor y es tan fiable como el papel moneda. Un gobierno, un banco central o algún otro tipo de institución controla esta moneda fiduciaria digitalizada. Sin embargo, no es más fiable ni segura que la posesión de dinero fiduciario. Recuerde que todo lo que le ocurre al dinero fiduciario también le ocurre al dinero fiduciario digitalizado.

PARTE 3: LA NUEVA ERA DEL DINERO DIGITAL

¿Qué es el Bitcoin?

Bitcoin fue la primera criptomoneda creada y lanzada al público. Fue diseñada y distribuida al público bajo el seudónimo Satoshi Nakamoto en 2009. La demanda de Bitcoin establece el valor del mismo. Por lo tanto, cuanto mayor sea la necesidad de la misma, mayor será su precio. Es considerada como un retenedor de valor, debido a su escasez, al haber un número limitado de Bitcoin y mayor número de demanda, su valor aumenta.

Ethereum, lanzada en 2015, fue la segunda criptomoneda. Fue creada conjuntamente por Vitalik Buterin, Gavin Wood, Charles Hoskinson, Anthony Di Lorio y Joseph Lubin. La blockchain de Ethereum es mucho más versátil que la de Bitcoin. Ha introducido en el mundo los contratos inteligentes, las aplicaciones descentralizadas, los juegos de blockchain, un metaverso más dinámico y las finanzas descentralizadas DeFi.

Además, Ethereum puede trabajar con muchas otras blockchains. Además, el token nativo de Ethereum, ETH, a diferencia del BTC, es más que una forma de almacenar valor. Usted puede utilizar ETH como pago, inversión, fuente de ingresos pasivos, por ejemplo, minería, stake (en ingles participación de inversión), y medio de intercambio entre diferentes cripto tokens. Es adicionalmente una red, por la cual se transfieren la mayoría de otras criptomonedas, también llamadas Altcoin de *Alternative Coin*, como monedas alternativas al Bitcoin.

¿Qué es una criptomoneda?

Una criptomoneda es una moneda digital asegurada por la criptografía, lo que hace difícil, si no imposible, su falsificación. Una criptomoneda es una forma de criptografía porque no hay información que conecte las transacciones con las partes que las realizan cuando se utilizan en las transacciones en la blockchain. Por lo tanto, el atractivo y el beneficio significativo de la criptomoneda es que usted puede realizar transacciones de forma anónima porque la naturaleza criptográfica de la criptomoneda impide que las personas no involucradas en su transacción sepan lo que usted ha hecho.

¿Qué son las *stablecoin*?

Las stablecoins son criptomonedas que tienen un valor establecido. El valor de las stablecoins es el valor del activo de respaldo, pudiendo ser el dólar americano USD o bien el oro, la plata, las materias primas o los bienes inmuebles. Las reservas y los activos que respaldan las stablecoins actúan como garantía de que se pueden canjear por un valor determinado.

Las stablecoins eran necesarias para atraer a más empresas y personas a querer utilizar cripto. La criptomoneda es bien conocida por ser volátil y hacer que sus valores suban o bajen repentinamente. Por ello, las empresas querían asegurarse de que el pago que acordaran tuviera un peso constante. Las stablecoins tienen valores constantes y no son volátiles. Su existencia en el mercado de las criptomonedas ha hecho posible que más empresas y personas realicen transacciones de criptomonedas con menos miedo a perder dinero si el mercado de las criptomonedas disminuye. Después de todo, el valor de una stablecoin nunca cambia, independientemente de lo que ocurra en el mercado de criptomonedas.

Si las empresas aceptan stablecoins como pago por sus bienes y servicios, saben que recibirán una cantidad específica de dinero al intercambiar las monedas en moneda fíat. Además, las stablecoins hacen que cripto en general sea más atractivo para el sector privado, el sector público y los particulares. Son un punto de entrada en el mercado de las criptomonedas. Son más atractivas y menos intimidantes porque no parecen tan arriesgadas y amenazantes como las criptomonedas tradicionales como Bitcoin, Ethereum, Cardano o Ripple por mencionar algunas.

Además, las stablecoins son una forma estupenda de sacar su patrimonio del sistema económico tradicional y pasarlo al digital. Los propietarios de stablecoins mantienen el valor de sus activos, pero pueden acceder a ellos desde cualquier lugar. Y lo que es más importante, estas transferencias se pueden ejecutar sin la aprobación del gobierno, la interferencia del gobierno y el pago de tasas gubernamentales.

Diferencias entre Blockchain y Criptomonedas

Blockchain son redes o plataformas en las que los usuarios pueden realizar transacciones de criptomonedas. La criptomoneda es el pago que utilizan las personas que quieren ejecutar transacciones en la blockchain. Por ejemplo, la blockchain de Bitcoin utiliza Bitcoin (BTC) como medio de pago. Sin embargo, la blockchain de Ethereum acepta su token nativo, ETH, y cualquier token criptográfico compatible con la blockchain de Ethereum. Por lo tanto, puede realizar transacciones en la blockchain de Ethereum con criptomonedas diferentes, pero compatibles.

Cripto como estafa piramidal

Una estafa piramidal es una inversión fraudulenta que promete altos rendimientos a los inversores con un riesgo mínimo. Funciona pagando a sus primeros inversores altos rendimientos utilizando el capital de inversión recaudado de los inversores posteriores. Sin embargo, una estafa piramidal acaba por desmoronarse tarde o temprano cuando no entran suficientes inversores nuevos y los estafadores no pueden seguir pagando los rendimientos excesivamente altos prometidos a sus inversores iniciales.

Algunos argumentan que cripto es un sistema piramidal porque a medida que más inversores compran fichas de cripto, éstas aumentan su valor. Para los interesados en el comercio a corto plazo, esto puede ser cierto. Sin embargo, no se puede considerar una estafa piramidal, porque los posibles inversores saben que el comercio de cripto es de alto riesgo y puede ser increíblemente especulativo. Además, aunque los inversores han recibido anteriormente rendimientos estratosféricos en sus inversiones en cripto, dichos rendimientos no están prometidos ni garantizados. Por el contrario, son simplemente algo que muchos inversores esperan cuando compran monedas de cripto, especialmente las monedas recién lanzadas.

Los entusiastas de las criptomonedas argumentarán que éstas son ciertamente inversiones de alto riesgo que operan en un mercado volátil y que no tienen el mismo alcance y apariencia de una estafa piramidal. Además, los operadores de criptomonedas deben enfrentarse a las cambiantes regulaciones del mercado, a las restricciones gubernamentales y a otros factores que permiten a los inversores obtener altos rendimientos invirtiendo en cripto activos de alto riesgo. Por lo tanto, ninguna de las mencionadas anteriormente son características de una estafa piramidal.

El valor intangible de cripto

Los distintos tipos de criptomonedas tienen diferentes valoraciones. En este sentido, no todas las criptomonedas son iguales. Por ejemplo, ¿preferiría poseer 10 Bitcoins o 10 Dogecoins?

Por supuesto, usted se decantaría por 10 Bitcoins en lugar de 10 Dogecoins, la razón es el valor global que se obtiene con el Bitcoin. En primer lugar, en el momento de escribir este artículo, un solo Bitcoin vale 37.000 dólares, y Dogecoin vale menos de 8 céntimos. Además, la criptomoneda Bitcoin tiene su propia red, y Dogecoin está alojada en la red de Ethereum. El Bitcoin ha demostrado ser un depósito de valor y tiene un largo historial que lo demuestra, mientras que el Dogecoin es básicamente una moneda meme que solo crece en valor debido a las tendencias de los medios sociales o las noticias, sin considerar que tienen una oferta ilimitada, por lo tanto, así como incrementan los usuarios, incrementan las monedas.

Además, no todas las criptomonedas mantienen su valor a lo largo del tiempo, ni aumentan su valor con el tiempo y no existen durante años. Una criptomoneda puede llegar a ser valiosa si cumple la mayoría de las siguientes condiciones

- Sirve a un propósito
- Satisface una necesidad
- Cuenta con el apoyo de una comunidad
- Está fuertemente invertida por los fundadores
- Genera una gran demanda

- Está bien diseñado
- Tiene su propia red
- Es multifuncional
- Es escaso (cantidad limitada disponible)

Bitcoin y Ethereum son criptomonedas valiosas porque hay una oferta limitada de ellas. Además, tienen usos específicos; mucha gente quiere poseerlas y realizar transacciones, tienen un alto estatus en el mundo de las criptomonedas y tienen sus propias redes de blockchain. Sin embargo, la mayoría de los tokens de criptomonedas del mercado no tienen las mismas características que Bitcoin y Ethereum. Por lo tanto, el valor de estas otras criptomonedas no se comportará con el tiempo del mismo modo.

Usos de las criptomonedas

Con cripto usted tiene la capacidad de hacer muchas cosas, dependiendo del tipo de criptomoneda que posea. En general, puede hacer algunas de las siguientes cosas:

- Minarlas - Utilizar su ordenador para ganar criptomonedas ayudando a la cadena de bloques a procesar las transacciones
- Staking - Utilizar sus criptomonedas e invertirlas para ganar intereses
- Prestarlas con intereses a otros
- Obtener préstamos y utilícelos como garantía
- HODL – Manténgalas como inversiones de largo plazo
- Involucrarse en el comercio a corto y/o largo plazo
- Invertir en cripto a derivados, CFD, ETF, ETP, etc.
- Invertir en tokens de cripto acciones de empresas en bolsa
- Apostar con ellos en cripto casinos
- Utilizarlos en aplicaciones descentralizadas dApps
- Utilizarlas como forma de pago en contratos inteligentes
- Utilizarlas como forma de pago en transacciones financieras descentralizadas DeFi

La mala reputación de las criptomonedas

Hay quienes dicen que solo las personas malas, los criminales y estafadores utilizan cripto. Permítame hacerle una pregunta: ¿Solo la gente mala utiliza el papel moneda? La respuesta obvia es que no. Sin embargo, usted sabe que mucha gente hace cosas ilegales con el papel moneda. ¿Le ha impedido eso utilizar el papel moneda como forma de pago? No, no lo ha hecho. La siguiente pregunta que quiero hacerle es: ¿Cómo define usted a la gente mala? Si pregunta si la gente puede utilizar la criptomoneda para realizar transacciones ilegales y blanquear dinero, entonces la respuesta es sí. Suponga que pregunta si la gente utiliza la criptomoneda para eludir las sanciones gubernamentales, las leyes y otras restricciones. La respuesta sigue siendo sí. Sin embargo, la gente también utiliza el papel moneda, el oro, los metales preciosos y las piedras preciosas para hacer esas cosas. Así que, ¿por qué pensar que la criptomoneda debería ser una excepción a este comportamiento? Por último, la mayoría de la gente que utiliza la criptomoneda lo hace como forma de pago en transacciones completamente legales.

Por poner un ejemplo, como consecuencia de la guerra iniciada por Rusia, le llegaron sanciones que la aisló del sistema financiero bancario internacional y por lo tanto de manera de urgencia, legalizaron el uso de criptomonedas. Al mismo tiempo Ucrania, con una economía destrozada, capacidad de producción limitada y gastos bélicos, la grivna, su moneda local, se ha devaluado y tanto el gobierno como los ciudadanos de ambos países que nada tienen que ver con la guerra, han empezado a utilizar cripto para proteger el valor de sus ahorros. ¿Y entonces quienes son las malas personas que utilizan cripto?

Las garantías de las criptomonedas

Las personas se preguntan si su dinero está seguro si se mantiene en cripto. ¿Está su dinero seguro como moneda fiduciaria? ¿Está su dinero seguro en su banco local?

Si ha estado observando el colapso de diferentes economías en todo el mundo (por ejemplo, Turquía, Venezuela, Líbano), sabrá que tener papel moneda no garantiza que el valor de su dinero sea seguro, esté protegido o sea fiable, quizás se acuerden del famoso "corralito" ocurrido en Argentina a principios del nuevo milenio. Su dinero no es seguro a menos que posea algunos minerales, metales preciosos o piedras preciosas valiosas. E incluso en el caso de los metales preciosos, los minerales y las gemas, su valor es el que alguien esté dispuesto a pagar por ellos en el momento de realizar el intercambio. Por ejemplo, si todos los bancos se hunden, hay una guerra y la gente se muere de hambre, el valor de los alimentos superará el valor de sus metales preciosos, minerales y piedras preciosas. Cripto es un mundo nuevo y arriesgado. Debe aceptar sus riesgos si quiere ser un cripto inversor. Puede protegerse de los peligros, pero lo que está en juego seguirá estando ahí. Por ejemplo, los piratas informáticos pueden intentar acceder a su cartera de criptomonedas o a su cuenta de plataforma de intercambio e intentar robar sus criptomonedas. También podría perder sus claves privadas y no poder acceder a sus criptomonedas. O bien en cualquier momento, el valor de sus criptomonedas podría desplomarse y no recuperarse nunca.

No hace falta decir que estos riesgos son similares a los de alguien que roba su número de tarjeta de crédito y lo utiliza para hacer cargos fraudulentos. Pero con la diferencia de que con cripto, no hay un servicio de atención al cliente para disputar estos cargos o retiradas. Más adelante en el libro, aprenderemos cómo asegurar sus criptomonedas de forma fácil para que esto no ocurra nunca. Pero debe entender y ser consciente de esto cuando invierta en criptomonedas.

El consejo que se da a todos los cripto inversores es que nunca invierta más de lo que puedan permitirse perder sin arrepentirse o comprometer los activos familiares.

Las Altcoins

Existe muchísimas criptomonedas, cada una tiene un valor único que sirve para un propósito específico y abastece a ciertos tipos de negocios o intereses. Por ello, la gente las crea para llenar esos nichos como por ejemplo mayor privacidad, procesamiento más rápido de transacciones, tokens para juegos, etc. Otras criptomonedas son monedas de diversión o memes como por ejemplo Dogecoin, Shibainu, Pepe, Bonk. Y hay también otras criptomonedas que están mal diseñadas y se lanzan como estafas de inversión.

Debe saber que las estafas en la industria de cripto se multiplican al menos por diez cada año. El extraordinario aumento de las cripto estafas se debe a las grandes cantidades de dinero que hay en el mercado y a la abundancia de inversores inexpertos que buscan un sistema para enriquecerse rápidamente, pero terminan perdiendo el dinero invertido. Por desgracia, el mundo de las criptomonedas es un objetivo irresistible para los estafadores y timadores. Muchas personas están ansiosas por invertir en cripto activos, pero no pueden discernir las inversiones legítimas de las auténticas estafas.

El momento adecuado para invertir en cripto

Es posible dudar si es aún posible generar riqueza con cripto o ya es muy tarde. Pero la realidad es otra, es un momento perfecto para entrar en el cripto. Independientemente de la situación del mercado o de si la moneda que usted crea conveniente tiene un valor más elevado del que usted desearía, recuerde que el período de adopción masiva aún no se ha producido y que, si hacen las selecciones correctas de criptomonedas basándose en el análisis fundamental del que hablaremos en capítulos posteriores, estará preparado para las ganancias significativas cuando se produzca la adopción masiva de criptomonedas. Recuerde que en cripto existen riesgos inherentes, pero si empieza a comprender lo revolucionaria que es la tecnología blockchain y su impacto en la sociedad, puede estar seguro de que está invirtiendo en una tecnología sólida. Si los precios del mercado de criptomonedas están actualmente a la baja, esta es una razón aún mejor para comprar criptomonedas. Considere los precios como en oferta o en descuento.

El mercado de las criptomonedas actualmente es como Internet en 1990. Era noticia, era emocionante y estaba lleno de dinero. Por desgracia, también era un mercado con mucha especulación y tuvo un crecimiento tan rápido que genero una crisis y llevo a la famosa caída de las puntocom, la cual eliminó todas las empresas web malas y de bajo rendimiento, algo similar está pasando en estos momentos, en su momento las criptomonedas de bajo rendimiento desaparecerán y deja atrás los tokens criptográficos de alta calidad y alto rendimiento. Por eso es muy importante estudiar bien cada proyecto para aumentar la probabilidad de éxito.

La adopción masiva aún está por llegar

Aunque se oye y se lee sobre cripto en todas partes, todavía no se ha integrado en las economías tradicionales de todo el mundo. Solo un pequeño porcentaje de personas y empresas bien capitalizadas han invertido. Las oportunidades de crecimiento y la innovación atrajeron a estas empresas porque era algo nuevo y tenía potencial. Otros vieron el potencial de grandes rendimientos y que tenía futuro. Últimamente, muchos inversores institucionales y gobiernos están invirtiendo en ella porque la ven como un competidor. Aun así, la inversión global en cripto es relativamente pequeña en comparación con otras inversiones.

Tenga en cuenta que las tasas de integración en las economías locales varían de una región a otra y, dentro de las regiones, de un país a otro. Por lo tanto, encontrará, en todo el mundo, que las poblaciones difieren en cuanto a su aceptación como una forma de pago viable, una inversión que merece la pena y como algo que seguirá formando parte de su sistema económico en un futuro previsible.

Se prevé que el próximo año, Google Pay y Apple Pay incorporen cripto, Visa está en el proceso de producir su propia Wallet, empresas como Amazon, Meta y Google, quienes generan dinero a través de publicidad, empezaran a recibir pagos con cripto, WhatsApp está creando un sistema para la transferencia de remesas a través del teléfono móvil e incluso habrá podido escuchar que bancos tradicionales, están trabajando en conjunto con los gobiernos para poder intercambiar cripto activos. Incluso los gobiernos ya están invirtiendo en criptomonedas, pero debido a la falta de regulación actual, los datos exactos son aún secreto.

PARTE 4: LA REVOLUCIÓN DE LA BLOCKCHAIN

Antes de invertir en criptomonedas, debe comprender las partes esenciales de una cadena de bloques o blockchain. A medida que su conocimiento crezca, le ayudará a poder comparar y evaluar los distintos tipos de blockchain y redes existentes.

Blockchain

Una cadena de bloques es como un libro de contabilidad digital que muestra públicamente todas las transacciones anónimas procesadas y registradas en un registro digital permanente. Es similar al libro de contabilidad que se utiliza en contabilidad. El libro mayor es la sección de registro donde se anotan los débitos y los créditos.

Las transacciones de la cadena de bloques se realizan únicamente entre el emisor y el receptor del pago y se conocen como transacciones entre pares (P2P). En una transacción P2P no hay terceras partes implicadas. Las transacciones P2P no hay terceros que supervisen la transacción; no tiene fideicomisarios.

La cadena de bloques gestiona toda la transacción sin la ayuda de ningún intermediario con la independencia de la supervisión de terceros, de la regulación gubernamental y de la censura de las partes no implicadas en la transacción.

El origen de la palabra blockchain

Veamos esto desde la perspectiva de las cadenas de bloques originales de Bitcoin y Ethereum. Cuando los programadores lanzaron las cadenas de bloques, los mineros creaban bloques de datos transaccionales resolviendo complejas ecuaciones matemáticas. Los mineros son simplemente personas que ejecutan un programa informático para permitir que se produzcan transacciones en la red. El primer minero que resolvía la ecuación ganaba el derecho a procesar el siguiente conjunto de transacciones.

Los mineros almacenan las transacciones en bloques. Un bloque es como una memoria USB con capacidad de almacenamiento limitada. Los mineros solo pueden guardar tantas transacciones como quepan en la memoria del bloque. Por lo tanto, los mineros deben seleccionar de la reserva de memoria (mempool) un conjunto de transacciones presentadas para su ejecución que serán procesadas y almacenadas en el bloque.

El minero procesa las transacciones para su bloque y cuando termina, añade su bloque al más reciente creado. Todos los bloques tienen sellos de fecha y hora. Esta cadena de bloques llena de datos transaccionales se denomina blockchain.

Características particulares

En esta sección, se revisarán las características esenciales de una cadena de bloques. Estas características hacen de las cadenas de bloques una increíble innovación tecnológica que revoluciona el mundo de las finanzas y en última instancia, nuestra vida cotidiana.

Nodos descentralizados

Las cadenas de bloques funcionan las 24 horas del día, los siete días de la semana, y carecen de una ubicación central de procesamiento. Además, los nodos de las cadenas de bloques están repartidos por muchos ordenadores de todo el mundo. Las redes de blockchain existen a nivel mundial, lo que significa que el gobierno u otros organismos autorizados no pueden simplemente cerrarlas. Además, los nodos procesan transacciones P2P y nadie las supervisa. Además, si hay problemas en una parte de la red, otros ordenadores pueden seguir procesando las transacciones de la red. Los ordenadores de una red blockchain se llaman nodos. Hay dos tipos de nodos: nodos completos y nodos ligeros.

Los nodos completos tienen una copia completa de la cadena de bloques y pueden añadir nuevos bloques a la misma. El nodo completo actúa de forma independiente y se encuentra en cualquier parte del mundo. Dado que todos ellos pueden procesar transacciones para la blockchain, los gobiernos nunca pueden cerrar la blockchain. Funciona independientemente de los gobiernos, las agencias reguladoras, las autoridades policiales y cualquier otra forma de interferencia que se encuentre en un sistema financiero tradicional. Además, nadie ajeno a la blockchain puede detener o censurar la transacción antes o durante su ejecución.

Los nodos ligeros son nodos parciales que no tienen acceso a toda la blockchain. En su lugar, los nodos ligeros restringen el acceso a regiones de las cadenas de bloques. Las cadenas de bloques utilizan nodos ligeros para aumentar la velocidad de procesamiento de las transacciones de la cadena de bloques. Después de que un nodo ligero haya procesado un bloque, lo envía a un nodo completo. El nodo completo comprueba entonces el trabajo realizado por el nodo ligero antes de añadir el bloque a la cadena de bloques.

Además de contar con nodos completos y ligeros, las cadenas de bloques emplean a un numeroso personal de seguridad que trabaja para mantener la cadena de bloques segura, protegida y fiable. Su objetivo principal es buscar transacciones dudosas, conductas maliciosas y comportamientos cuestionables en la red. Si sospechan alguna de estas cosas, alertan a otro personal de la red. Cuando son alertados, el personal de la red investiga el comportamiento y las transacciones sospechosas.

Si los que alertaron de la sospecha están en lo cierto, la blockchain les recompensa con tokens nativos de la red. Además, la blockchain castiga a los usuarios que tienen una conducta ilegal, maliciosa y corrupta. El castigo puede ir desde la confiscación de sus tokens invertidos, hasta la expulsión de la red.

Además, si la persona castigada fue apoyada por otros (por ejemplo, utilizando cripto-tokens prestados para calificarse como nodo), se castiga a quienes le apoyan. Cualquiera que sea sorprendido facilitando, apoyando, coordinando o permitiendo de otro modo una conducta inapropiada en una cadena de bloques será sancionado.

Inmutabilidad

Los bloques añadidos a la cadena de bloques también tienen sellos de fecha y hora incluidos en el bloque recién acuñado antes de que éste haya añadido el bloque a la cadena de bloques. Además, todos los nodos completos tienen copias de toda la cadena de bloques y los nodos completos deben ponerse de acuerdo cuando la cadena de bloques añade un nuevo bloque. Como todos los nodos de una cadena de bloques deben tener registros idénticos, la cadena de bloques se considera inmutable.

Si hay diferencias entre los registros mantenidos por los nodos completos, entonces hay una investigación inmediata del asunto. Las transacciones en cuestión se suspenden o se retrasan hasta que se entienda y se resuelva el problema con la blockchain. Si el bloque contiene transacciones cuestionables, la cadena de bloques no ejecuta las transacciones. Si no hay otros problemas, las transacciones tendrán que volver a ser presentadas para su aprobación y reprocesadas por la blockchain.

Este libro de contabilidad pública inmutable e inalterable da a la cadena de bloques su reputación de red fiable. La inmutabilidad de su registro es algo ausente en los sistemas financieros tradicionales.

Técnicamente, alguien o un grupo puede sustituir un bloque por otro en una cadena de bloques. Sin embargo, la sustitución de bloques en la cadena de bloques implicaría a muchas personas que necesitan planificar, coordinar y sustituir muchos bloques simultáneamente, lo que disminuye la probabilidad de que esto ocurra. Además, el momento de la sustitución de bloques tendría que ser perfecto. Por lo tanto, es casi imposible cambiar los registros de la cadena de bloques una vez que la cadena de bloques los haya cimentado.

Transparencia

Cualquier persona con un ordenador y acceso a Internet puede ver las transacciones públicas de la cadena de bloques. Incluso las partes que no realizan transacciones pueden verlas en la cadena de bloques, pero lo más importante es que la cadena de bloques no revela las identidades de las partes de la transacción. Sin embargo, el anonimato de las partes que realizan las transacciones no impide que el público pueda verlas.

Criptografía

La criptografía en la cadena de bloques permite que las partes que realizan las transacciones permanezcan ocultas al público, que sean transacciones privadas. Las carteras de cripto o wallet tienen direcciones que no están conectadas con la información personal de sus propietarios. Además, las claves privadas necesarias para acceder a la criptomoneda no están vinculadas a la información personal de su propietario. Por lo tanto, usted tiene un sistema de pago que está codificado de principio a fin.

Si bien cuando usted utiliza para sus transacciones una plataforma centralizada de intercambio de criptomonedas CEX *Centralized Exchange* en inglés, toda la información esta encriptada, la CEX habrá recopilado cierta información personal suya antes de permitirle registrar una cuenta en su plataforma. En este caso, la CEX puede, hasta cierto punto, identificar a todos los que utilizan su plataforma, y ya que operan en ciertos territorios están expuestas a las normativas que cada país, las que les puede imponer, como por ejemplo revelar los datos y transacciones de un determinado usuario.

Sin embargo, una plataforma de intercambio descentralizada DEX (*Descentralized Exchange*) no recoge información personal de sus usuarios. Una DEX es una plataforma de intercambio de criptomonedas descentralizada en la que las operaciones se realizan entre los usuarios sin la intervención de un tercero o un intermediario. Una DEX es equivalente a utilizar un teléfono público de pago. El teléfono público no tiene ningún registro o información de auditoría sobre la persona que lo utiliza, y si usted pone una moneda de 25 centavos en el teléfono, éste no tiene forma de rastrear al propietario de los fondos. Es simplemente un servicio público que no contiene ninguna información personal sobre el uso de su servicio.

Por lo tanto, estas plataformas no pueden divulgar nada sobre las personas que las utilizan para realizar transacciones. Y por esta simple razón son cada vez más, las plataformas DEX disponibles.

Algoritmo de consenso

Un algoritmo de consenso es un protocolo que una blockchain utiliza para comprobar la información de sus transacciones y garantizar que todos los datos son correctos.

Por ejemplo, bajo el algoritmo de consenso *Proof of Work* o PoW, utilizado para minar criptomonedas, por ejemplo, Bitcoin o anteriormente Ethereum, los mineros compiten para resolver complejas ecuaciones matemáticas para ganar el derecho a minar un bloque. Los mineros utilizan ordenadores que consumen mucha energía y tienen una gran capacidad de cálculo para adivinar las respuestas a complejas ecuaciones matemáticas. A medida que los mineros envían sus conjeturas incorrectas a la red, otros mineros utilizan esas conjeturas erróneas para mejorar sus conjeturas y tener más posibilidades de adivinar la respuesta correcta. El primer minero que adivine la respuesta correcta ya habrá visto soluciones similares o respuestas cercanas a la suya. De este modo, los mineros comprueban el trabajo de los demás.

Después de que un minero adivine la respuesta correcta, el minero pone las transacciones en un bloque y las cementa en la cadena de bloques. Tenga en cuenta que, mientras un minero está construyendo un bloque, otros mineros compiten para minar el siguiente bloque. Cuando los mineros completan un bloque y éste está listo para ser añadido a la cadena de bloques, el minero no se limita a añadirlo al siguiente bloque. En su lugar, el minero que ha ganado el derecho a añadir un bloque al bloque recién completado tendrá que participar en el proceso de acuñación del bloque terminado antes de que los mineros puedan añadir su bloque a él. La acuñación es una forma de control y equilibrio. Ningún minero puede acuñar un bloque entero por sí mismo. La cooperación entre los mineros y otras personas comprueba la información del bloque y las confirmaciones de las transacciones antes de que los bloques se sellen y se añadan al siguiente bloque.

Si hay algún problema en los bloques, los mineros informarán de los problemas a otro operador de la red para que los operadores puedan investigarlos. ¿Por qué? Porque si los mineros encuentran un problema con los bloques acuñados o con la forma en que los mineros procesan el bloque, la cadena de bloques recompensa a los mineros con tokens nativos por ser vigilantes y proteger la cadena de bloques.

Otro algoritmo de consenso se llama *Proof-of-Stake* o PoS, donde el sistema elige delegados para procesar los bloques y los usuarios designan o asignan su cripto, hacen lo que se llama staking, y a cambio reciben una compensación proporcional al tiempo que se haya dejado las criptomonedas asignadas, este tipo de consenso es cada vez más popular porque permite escalabilidad, tiene un enorme menor impacto medioambiental debido al reducido consumo de energía que se necesita. Ethereum hace poco cambio su tipo de algoritmo de consenso de PoW a PoS. Cardano, cuya cripto nativa es ADA, fue una de las pioneras en utilizar este consenso y el creador de Cardano, fue uno de los miembros fundadores de Ethereum.

Velocidad de las transacciones

La velocidad de las transacciones se refiere a la velocidad a la que una blockchain puede procesar y confirmar las transacciones ejecutadas en ella. El término transacciones por segundo (TPS) se refiere a la velocidad de transacción de una blockchain. Las blockchains con una alta tasa de TPS pueden dar servicio simultáneamente a muchas personas y es menos probable que se congestionen durante el alto tráfico. También es más probable que tengan bajas tasas de transacción. A medida que su TPS es cada vez más alto, se asemejan más a los sistemas financieros tradicionales como los que operan Visa y MasterCard.

El gran reto de la tecnología de Blockchain

Para que las cadenas de bloques se conviertan en parte de la vida cotidiana y se integren en el sistema financiero existente, deben aumentar significativamente su tasa de TPS. Las tasas de TPS más altas están asociadas a la eficiencia, la fiabilidad y la escalabilidad. En concreto, las cadenas de bloques deben ser escalables si van a ser capaces de gestionar un gran número de transacciones. Además, deben mantener sus tasas de eficiencia incluso cuando hay un gran volumen de tráfico en la blockchain. El reto es permanecer descentralizada y seguir siendo segura, escalable y eficiente.

En la siguiente tabla se muestran algunos datos como referencia, sin embargo, tenga en cuenta que cada red está en constante evolución y es posible ver incremento del TPS con el tiempo.

Criptomoneda	TPS	Tiempo
Bitcoin BTC	3-13	10 min
Ethereum ETH	15 - 25	6 min
Solana SOL	65,000	0.4 seg
EOS	4000	0.5 seg
Binance Smart Chain	100	3 seg
Polkadot DOT	1000	4 – 5 seg
Ripple XRP	1500	4 seg
Avalanche AVAX	5000	1 – 2 seg
Cardano ADA	257	20 seg
Cosmos ATOM	10000	2 – 3 min
Dogecoin DOGE	30	1 min

Gobernanza

Las cadenas de bloques tienen un sistema de gobernanza para introducir o modificar la funcionalidad de la cadena de bloques. La gobernanza se refiere a la forma en que se toman las decisiones sobre las operaciones de la blockchain. Normalmente, las decisiones son tomadas por aquellos que pueden votar sobre las propuestas presentadas a los gestores de las operaciones del sistema. Los votantes pueden votar por cualquier persona que posea tokens nativos de la blockchain en cuestión, los que tengan una cantidad/valor particular de monedas e incluso los inversores en la blockchain. Aun así, los votantes pueden restringir los cambios propuestos en la blockchain. Por ejemplo, para los cambios en la blockchain de Ripple, al menos el 80% de sus operadores de nodos deben aprobar el cambio. Si menos del 80% de sus operadores de nodos están de acuerdo con la transición a la blockchain, los operadores rechazan el cambio.

Bifurcación de la blockchain: duras y blandas

Hemos hablado de cómo funcionan las cadenas de bloques, cómo mantienen su fiabilidad y cómo procesan las transacciones. Esta sección examina lo que ocurre cuando los miembros de la comunidad blockchain no pueden ponerse de acuerdo para mejorar una blockchain.

Cuando los miembros de una comunidad blockchain no están de acuerdo en mejorar una blockchain o simplemente realizar algún cambio, la situación puede volverse muy polémica. Si el desacuerdo es grande y se llega a un punto muerto, las facciones opuestas pueden arraigarse profundamente en su posición. Sin embargo, los miembros deben llegar a un compromiso si las luchas internas empiezan a perjudicar a la comunidad. En estos casos, vemos la creación de bifurcaciones duras y bifurcaciones blandas, en inglés esta situación se denomina *Fork*.

Cuando no se llega a un acuerdo

Si los grupos no pueden llegar a un compromiso entre sí, uno de ellos puede decidir lanzar otra blockchain y retirarse de la participación de la blockchain actual.

Lanzar otra blockchain no es una victoria para la comunidad de blockchain porque cuanto más significativa sea la comunidad de blockchain, mayor será su valor de mercado, más segura será su red y más relevante será en el mundo de las criptomonedas. Por lo tanto, cuando las blockchains se bifurcan, por lo general, una de las dos fracasa estrepitosamente o es eclipsada por la blockchain más exitosa. Además, el tamaño original de la comunidad de la blockchain disminuye y hay una disminución de la seguridad de la blockchain original. El éxito de la bifurcación depende de cuántos miembros de la comunidad permanecen en la blockchain original o migran a la bifurcación. En última instancia, el éxito de la bifurcación y de la blockchain original depende de los usuarios de la red, de sus respectivas comunidades y de las modificaciones que se implementen.

Bifurcaciones duras

Cuando hay una bifurcación dura, las transacciones no pueden procesarse en la blockchain original en la bifurcación y viceversa. La incompatibilidad se debe a que los creadores de la bifurcación cambian sustancialmente el código de la blockchain bifurcada, por lo que la separación ya no es compatible con la blockchain original. Entonces dan un nuevo nombre a la blockchain y crean un nuevo token nativo. Entre los ejemplos más conocidos están Bitcoin XT, Bitcoin Classic, Bitcoin Cash, Stellar, Cardano).

Bifurcaciones suaves

Cuando los miembros de la comunidad de la cadena de bloques quieren opciones, crean una bifurcación suave, pero para añadir las opciones no es necesario abandonar la cadena de bloques original. En este caso, los usuarios de la red pueden utilizar o ignorar la característica adicional. Las bifurcaciones suaves no reciben nuevos nombres ni tienen sus propios tokens nativos. Mas que una modificación a la red es un elemento agregado, por lo tanto, le da a la comunidad de elegir utilizar la modificación o elemento agregado o no.

Un ejemplo de bifurcación suave es el protocolo llamado en español "Testigo Segregado", más conocido como *SegWit* añadido a la blockchain de Bitcoin. SegWit permitió a los usuarios añadir más transacciones a un bloque disminuyendo los datos transportados dentro del bloque para cada transacción. Sin embargo, el cambio en la asignación del tamaño del bloque dividió a la comunidad de Bitcoin sobre si convertirlo en una característica permanente del blockchain. El compromiso fue convertirlo en una opción que los usuarios de Bitcoin pudieran implementar al configurar sus transacciones.

Comunicación entre diferentes Blockchains

Ethereum

Ethereum es la red más versátil del mundo de las criptomonedas. Alberga contratos inteligentes, aplicaciones descentralizadas *dApps*, tokens de otras blockchains, tokens no fungibles *NFTs* y transacciones financieras descentralizadas *DeFi*.

Para acentuar el atractivo y la utilidad de las blockchains lanzadas posteriormente, es decir, las blockchains lanzadas después de que Ethereum alcanzara la prominencia, muchas se hicieron compatibles con Ethereum o se crearon bajo el código de programación de Ethereum. Eso significa que los usuarios de las blockchains compatibles con Ethereum podían ejecutar sus dApps y utilizar sus tokens nativos en la blockchain de Ethereum, así como acceder a otros servicios en ella. A los usuarios les gusta esta opción, porque a menudo, las nuevas blockchains tienen tasas de TPS más rápidas y tarifas de transacción más bajas que la blockchain de Ethereum, y con esta opción, pueden seguir accediendo a todos los servicios proporcionados por la blockchain de Ethereum.

Lo mejor de las blockchains compatibles con Ethereum es que pueden trabajar con Ethereum al ejecutar contratos inteligentes y transacciones DeFi. En este momento, se puede tener un contrato inteligente que exista en dos blockchains diferentes. Siempre que utilice Ethereum y una blockchain compatible con Ethereum, el contrato inteligente funcionará uniformemente bien en cualquiera de las dos blockchains. Esto también es cada vez más cierto para transacciones DeFi, lo que significa que la gente podrá aprovechar más aplicaciones DeFi, no solo las alojadas en su blockchain.

También existen aplicaciones que funcionan como puentes *bridge*, que lo que hacen es traducir el código de una blockchain y permitir utilizarla en otra, sin tener que modificar el código original, el mercado de cripto está en constante evolución y cada vez es más frecuente ver estos bridges que facilitan la conectividad entre blockchain y es uno de los elementos más importantes para que el momento en que se use cripto a nivel cotidiano sea cada vez más cercano. Un ejemplo muy popular y uno de los pioneros es Polkadot.

Polkadot es una blockchain que permite que las cadenas de bloques incompatibles se comuniquen entre sí. Utilizando Polkadot, las blockchains incompatibles -como Bitcoin y Ethereum- pueden enviar valor y datos entre sí. El token nativo de Polkadot es DOT. Además de utilizarse como token de gobernanza y para hacer *staking*, puede utilizarse como medio de pago para transferir valor de una blockchain a otra.

Otra ventaja de utilizar Polkadot es que tiene una alta tasa de TPS, es escalable y utiliza blockchains paralelas (parachains) para reducir la congestión en su red y mantener su alta tasa de TPS. Mantiene su alta tasa de TPS haciendo que las parachains procesen la mayoría de las transacciones.

La cadena de relevo principal de Polkadot es su blockchain principal que se conecta a las parachains. Éstas procesan las transacciones, reciben las confirmaciones y luego envían la información a la cadena de relevo principal. La cadena principal de retransmisión comprueba los datos de las parachains; si todo es correcto, añade el bloque de la parachain a su blockchain.

Tenga en cuenta que las parachains funcionan dentro de la blockchain de Polkadot; no son independientes de ella. Además, son blockchains específicas de la aplicación. Aun así, son blockchains completas con sus algoritmos de consenso y características de seguridad como blockchains específicas de la aplicación.

PARTE 5: HERRAMIENTAS PARA COMPRAR, VENDER Y ALMACENAR

Como se mencionó anteriormente, existen dos tipos de plataformas de intercambios de criptomonedas son las plataformas centralizadas CEXs y las plataformas descentralizadas DEXs, y usted debería conocer ambos. También hay varios tipos de cripto carteras o más conocidas como wallets, y puede haber una que sea la más adecuada para usted o bien que permita guardar una criptomoneda de su gusto, ya que no todas permiten guardar todas las criptomonedas y blockchains.

Plataformas de intercambio centralizadas

Una plataforma de intercambio de criptomonedas centralizada es un mercado digital en el que se pueden comprar, vender e intercambiar criptomonedas. Algunas de las CEX más populares son Coinbase, Kraken, Gemini, Kucoin y Binance. Estas bolsas permiten a sus usuarios comprar utilizando moneda fiat y enviar sus criptomonedas a sus cuentas bancarias tradicionales. Sin embargo, no todos los CEXs permiten a sus usuarios comprar cripto con moneda fíat. En algunas CEX, los usuarios solo pueden comprar, vender y comerciar con cripto utilizando otras cripto como medio de intercambio.

Al comprar, vender e intercambiar cripto, los usuarios de la plataforma deben fijarse en el emparejamiento de cripto en la CEX. En primer lugar, deben observar si existe un emparejamiento de criptomonedas. Las criptomonedas solo pueden comprarse, venderse y negociarse si figuran enlistadas en un CEX. El listado en el CEX significa que el CEX ha aprobado las criptomonedas para su plataforma y permitirá a los usuarios utilizarlos en diferentes transacciones. Además, cuando las criptomonedas están enlistadas, normalmente están emparejados con otras criptomonedas o bien con una stablecoin.

Elementos para elegir una CEX

Todos las CEX no ofrecen los mismos servicios a sus usuarios. Por lo tanto, usted debe investigar cada CEX que estén considerando realizar sus transacciones.

Veamos algunos factores que los inversores deben considerar al elegir una CEX:

Accesibilidad

Usted querrá poder acceder fácilmente a su CEX. Por ejemplo, China ha prohibido que todas las bolsas de criptomonedas operen dentro de sus fronteras. Ya que las CEX deben adaptarse a las normas y regulaciones de diferentes países o regiones, no todas pueden operar en todo el mundo, asegúrese de que la CEX que tiene en mente, opera en su lugar de residencia.

Nivel de Seguridad

A diferencia de un banco tradicional no todas las CEX tienen seguro contra robo o perdida. Cuando compruebe los posibles CEX, querrá fijarse en el tiempo y la frecuencia con la que cada CEX ha sido hackeado o ha perdido fondos debido a conductas fraudulentas. Además, debería hacer una pequeña investigación en internet para conocer las quejas o comentarios de los usuarios de las plataformas sobre la seguridad de las CEX y las estafas que operan en ellas.

El tamaño de la plataforma

Existen diferencias entre los CEX pequeños y los más grandes. Cuanto más grande sea un CEX, menos probable es que sea hackeado. Los CEX más grandes tienen mayores volúmenes de negociación, mayores niveles de seguridad y muy probablemente, más personal trabajando para mantener la plataforma segura que los CEX más pequeños.

Además, algunos CEX más grandes, como Coinbase, cotizan ahora en bolsas de valores tradicional y han sido aprobados por organismos gubernamentales. Estos CEXs son más creíbles y dignos de confianza porque han sido capaces de cumplir con las normas reguladoras de las agencias gubernamentales de ESTADOS UNIDOS; han sido auditados de forma independiente; mantienen documentación sobre sus operaciones; han establecido protocolos de seguridad; e informan de sus operaciones regularmente al gobierno de ESTADOS UNIDOS

A nivel mundial la CEX más grande es Binance y ofrece una infinidad de servicios tanto a nivel básico como servicios para inversores profesionales y tiene uno de los sistemas de seguridad más grande de la industria.

Las comisiones y tarifas

Antes de seleccionar un CEX, revise todas las tarifas asociadas al uso del CEX. Algunos CEX tienen tarifas fijas por transacción, pero a menudo los costes son un porcentaje de la propia transacción de criptomonedas. Otros CEX pueden cobrar tarifas basadas en la volatilidad de los precios del mercado. Por supuesto, las comisiones pueden variar en función de si usted es el comprador o el vendedor. Además, pueden variar en función de las criptomonedas con los que opere en la plataforma.

Tenga en cuenta que cuanto más altas sean las tarifas de un CEX, más probable es que el CEX sea seguro y fácil de realizar transacciones en él. Por el contrario, cuanto más bajas sean las tarifas en la CEX, menos probable será que reciba un buen servicio al cliente. Además, es más probable que tenga alguna dificultad para realizar transacciones en ella como inversor principiante en cripto.

Si nunca ha utilizado un CEX antes, es posible que no esté familiarizado con las comisiones que los CEX pueden cobrar a sus usuarios. Así como los bancos cobran comisiones por transferencias entre cuentas bancarias, así también lo hacen los CEX. Algunos CEX, como Binance, no cobran comisiones por los depósitos y las retiradas, lo cual es algo importante a considerar.

Entre las CEX más grandes y conocidas se encuentran las siguientes, note que no están escritas bajo ningún orden, ni de tamaño, ni de puntuación, usted debe hacer su propia búsqueda.

Liquidez

Compruebe la liquidez y el volumen de negociación del CEX. Cuanto mayor sea el volumen de negociación, mayor será su liquidez. La liquidez es esencial para usted porque cuando quiera vender, comprar o intercambiar cripto, una bolsa con un alto volumen de operaciones le permitirá hacerlo fácilmente y casi de manera inmediata. En comparación, una bolsa con un bajo volumen de operaciones puede no ser capaz de facilitarle el comercio de criptomonedas a los precios preferidos o en las cantidades que usted requiere. En consecuencia, el retraso en la compra o venta de criptomonedas en CEX con bajo volumen de negociación puede hacer que compre y venda a precios que disminuyan sus beneficios potenciales, sobre todo considerando la volatilidad que existe.

Cursos y herramientas de aprendizaje
Muchas CEX pueden ofrecer herramientas de aprendizaje que ayuden a sus usuarios a aprender sobre el mercado de las criptomonedas y a mantenerse al día. Estas herramientas pueden incluir vídeos, cuestionarios, artículos y cursos. A veces, se pueden ganar cripto como recompensa completando actividades educativas en determinadas plataformas.

Información fiscal
Algunos CEX proporcionan a los usuarios de su plataforma declaraciones de impuestos, por ejemplo, 1099-B en Estados Unidos. Estas declaraciones pueden ser utilizadas por los usuarios para presentar sus impuestos correctamente. Sin embargo, la mayoría de los CEX tradicionales como Coinbase, Kraken o Binance, solo registran las transacciones y no proporcionan declaraciones de impuestos. No ofrecen declaraciones de impuestos ya que no pueden hacer un seguimiento de sus transacciones de criptomonedas después de que usted retire sus criptomonedas de las plataformas.

Es importante que, según el lugar de su residencia, se informe sobre las normas y regulaciones que existen o están a punto de ser creadas. Cada país es diferente y su interpretación frente a esta nueva tecnología está en constante cambio.

Plataformas de intercambio descentralizadas
Las bolsas de criptomonedas descentralizadas DEX son mercados digitales en los que los inversores de criptomonedas pueden comprar, vender e intercambiar cripto-tokens. Se diferencian de las CEX en que los usuarios no tienen que registrar una cuenta en las

DEX, y las DEX no custodian su cripto durante las transacciones. Algunas DEX populares son Uniswap, PancakeSwap y SushiSwap entre muchas otras.

Las DEX son estupendas para las personas que quieren maximizar su privacidad financiera.

Estas pueden ser especialmente útiles porque a menudo enlistan monedas recién lanzados al mercado que no tienen grandes volúmenes de negociación, criptomonedas de poco valor que tienen bajos volúmenes de negociación y altamente especulativas y arriesgadas. No es probable que estas criptomonedas coticen en un CEX porque éstos tienen requisitos que deben cumplirse antes de que puedan ser enlistadas en la plataforma. Lamentablemente, la mayoría de los tokens recién lanzados, los de bajo valor y altamente especulativos no satisfacen los requisitos de cotización de los CEX.

Muchas más opciones

Los DEX pueden listar cualquier token alojado en su blockchain. Por lo tanto, tienen acceso a los tokens recién lanzados antes de que coticen en los CEX. Pero, por desgracia, también cotizan muchos tokens fraudulentos. Por lo tanto, los usuarios de la plataforma deben tener cuidado cuando comercien con tokens en una DEX.

Anonimato

En las DEX no existe un proceso de registro de cuentas, un protocolo de conocimiento del cliente KYC del inglés *Know Your Customer* o un protocolo contra el blanqueo de dinero. En su lugar, los usuarios de las DEX realizan transacciones P2P privadas utilizando contratos inteligentes. Las DEX no identifican a las partes contratantes ni almacenan información personal en sus plataformas. En consecuencia, para los inversores que desean un anonimato absoluto, las DEX son las mejores bolsas de criptomonedas.

Menor riesgo de hackeo

Los usuarios de la plataforma tienen menos probabilidades de que les roben durante una transacción en una DEX. Los inversores mantienen la custodia de sus cripto activos en una DEX hasta que los transfieren a otra wallet. En ningún momento las DEXs toman el control o la posesión de los cripto activos de sus usuarios.

Reducción de los riesgos de las transacciones

Los contratos DEX en la blockchain son el camino de los contratos inteligentes. Si las dos partes contratantes cumplen con sus obligaciones, la transacción se completa. Si no cumplen con sus responsabilidades, el acuerdo expira. Los contratos inteligentes no permiten la finalización parcial del contrato. Por lo tanto, en los DEX se reduce el riesgo de que haya problemas con el contrato si hay una conducta inapropiada por parte de cualquiera de las partes del acuerdo.

Las cripto carteras o más conocidas como WALLETS

Las cripto carteras, también conocidas como carteras de blockchain o de aquí en adelante llamadas "wallets" son lugares en los que usted almacena sus criptomonedas y NFTs. Son útiles para las siguientes actividades:

- Almacenar criptomonedas
- Vender, comprar e intercambiar criptomonedas
- Vender, comprar e intercambiar NFT

Sistemas de seguridad de las wallets

Una wallet es como una cuenta bancaria descentralizada que puede utilizar para realizar transacciones digitales. Pero al ser usted el único administrador es muy importante y necesario que recuerde la contraseña y la frase secreta, la cual es como un *backup* en caso de que usted olvidara la contraseña o perdiese su dispositivo. La contraseña da acceso a las criptomonedas y a los NFT almacenados.

Su frase semilla en adelante *seed frase* en inglés, tendrá entre 12 y 24 palabras. Las palabras son palabras comunes que se encuentran en un diccionario inglés. Sin embargo, las palabras deben introducirse en la wallet pare recuperarla en un orden determinado. Una seed frase puede ser *"honey cast road hot river happy boat time practice close corner way"*. Si olvida su contraseña y pierde su seed frase, perderá el acceso a su wallet y a todo lo que contiene.

Debe mantener en privado la contraseña y la seed frase. Nunca debe compartirla con nadie, la confidencialidad de la seed frase es la diferencia para preservar sus activos o perderlos.

Wallets custodiadas y no custodiadas

Cuando uno crea una cuenta en una plataforma de intercambio centralizada CEX automáticamente una wallet es creada para poder guardar las criptomonedas que usted compre. Sin embargo, es lo que se denomina una wallet custodiada.

CEX como Robinhood, Kraken, Binance, Coinbase son operados por una entidad centralizada y ellos pueden tomar posesión de sus activos, denegar retiradas o depósitos de cripto o incluso denegarle el acceso.

Las wallets no custodiadas son privadas e independientes. Algunos ejemplos de carteras no custodias son Trezor, Ledger Coinbase, Mycelium, Exodus, y Electrum. Estas wallets pueden especializarse para ofrecer un rendimiento óptimo en diferentes usos y aplicaciones, algunas son idóneas para utilizarlas solo en un ordenador y otras son para los teléfonos móviles, otras se especializan en NFTs o bien en aplicaciones dedicadas a inversiones DeFi.

Claves Privadas

Para acceder a cualquier blockchain se utiliza claves privadas para conceder acceso a su saldo de criptomonedas y permitir las transacciones. Además, las claves privadas determinan el propietario, ya que solo éste puede hacer transferencias a otras cuentas de cripto y utilizarlas en transacciones. En términos del mundo real, las claves privadas son similares al PIN de una tarjeta de crédito o débito. Si usted le da a alguien su PIN, esa persona puede utilizarlo para sacar dinero de su cuenta de crédito o débito.

Las claves privadas deben mantenerse seguras. Por ejemplo, puede utilizar una memoria USB con contraseña para almacenar sus claves privadas. Además, debería hacer una copia de seguridad de toda la información almacenada en ese USB, porque si pierde sus claves privadas, pierde su cripto... para siempre.

Ha habido muchos casos de gente que compro Bitcoin cuando recién fue creada, compraron miles de monedas y a precios impensables hoy en día, y ya sea que simplemente se les olvido la clave o formatearon el ordenador sin acordarse de los archivos que contenían la información secreta. Hoy, todas esas monedas con valor de millones de dólares, están perdidos en la red.

Claves Publicas

Las wallets tienen claves públicas o también conocidas como direcciones públicas. Las claves públicas están compuestas por una cadena de letras y números aleatorios para el destinatario. La clave pública es como un número de cuenta bancaria que puede compartir libremente con otros. La clave pública se utiliza como dirección de destino en las transacciones criptográficas. Como analogía en el mundo real, la clave pública de una wallet es como un número de cuenta bancaria. Las personas que tienen su número de cuenta bancaria pueden enviarle dinero sin necesidad de conocer sus otros datos personales.

Encriptación de la clave pública y privada

Cuando una red emite una criptomoneda, éste tiene una clave privada. La clave privada genera una clave pública vinculada a la clave privada de forma criptográfica. Puede estar tranquilo de compartir con cualquiera su clave pública, pero nunca debe dar a nadie su clave privada.

Las claves públicas se generan a partir de las claves privadas mediante un proceso llamado *hashing*. El *hashing* procesa una cadena de datos mediante un algoritmo. El método de creación de la clave pública es casi imposible de revertir. Por lo tanto, es muy improbable que alguien pueda adivinar o deducir su clave privada a partir de su clave pública. Como resultado, estas claves encriptadas mantienen sus cripto activos a salvo y seguros.

PARTE 6: PROTEGIENDO SUS CRIPTOMONEDAS

Las estafas relacionadas con las criptomonedas aumentan cada año. Debe estar atento y tomar precauciones de seguridad para proteger sus cripto activos. Haga lo que más crea conveniente. Recuerde que una vez que los piratas informáticos acceden a su cripto, éste desaparece para siempre.

Las estafas con criptomonedas se multiplican por más de diez cada año. Cuanto más dinero ponen los inversores en el mercado de las criptomonedas, más atractivo resulta para los estafadores y los timadores.

La gente pierde dinero cada día en el mercado de las criptomonedas. Desgraciadamente, los nuevos inversores son susceptibles de perder dinero a través de estafas, inversiones de mala calidad y piratas informáticos. Los inversores saben que estas estafas y fraudes existen para atraer su interés y robar sus cripto activos. Por desgracia, estas estafas son cada vez más atractivas y persuasivas y pueden parecerse a las ofertas e inversiones legítimas.

Estas estafas son como las que se utilizan con las cuentas bancarias y las tarjetas de crédito. La principal diferencia es que las estafas con cripto utilizan la programación informática, la comunicación por Internet y las habilidades de los hackers. Además, los autores son difíciles de atrapar porque la criptomoneda no tiene fronteras y se puede acceder a ella desde cualquier parte del mundo. Así que, buena suerte para encontrar al culpable recuperar sus activos.

Sistemas para implementar su seguridad

La mayoría de acciones que debe hacer son sencillas y de sentido común, lo que pasa es que muchas personas se entusiasman y quieren compartir todo con todos sin tener límites y el primer lugar son las redes sociales, así que no le diga a todo el mundo que tiene cripto activos, especialmente por internet.

Evite los mensajes directos en los chats con personas que no conoce. Normalmente, el atacante se pondrá en contacto con usted primero. No descargue software ni haga clic en enlaces de los que no esté 100 % seguro que son fiables.

Nunca le dé a nadie su frase secreta de inicio, sus claves privadas o la contraseña de su cartera de criptomonedas.

Tenga varias cuentas de correo electrónico para diversos fines, una para acceder a sus plataformas de inversión, otra para las comunicaciones, etc. Es más fácil tener una cuenta para manejar todo, pero si se pierde una cuenta, también se pierde todo. Un atacante podría intentar acceder a sus cuentas de criptomonedas en diferentes plataformas utilizando su correo electrónico y viendo si obtiene algún resultado.

Proteja sus claves privadas y seed frase

Para las wallets de custodia y las wallets de criptomonedas en los CEX, debería utilizar un sistema de autorización de cuentas de tres factores. Desgraciadamente, el sistema más común de autorización de dos factores (2FA) no es seguro porque es vulnerable a la piratería informática. Los piratas informáticos aún pueden hackear el sistema de tres partes, pero lleva más tiempo y es más difícil.

Examinemos el sistema 2FA y luego veamos la tercera parte que lo respalda.

2FA

En el sistema 2FA, no se puede acceder a la cuenta criptográfica sin introducir al menos dos datos de seguridad. En primer lugar, los titulares de las cuentas introducirán su nombre de usuario y su contraseña y después se les pedirá que introduzcan un código enviado a su cuenta de correo electrónico o a su teléfono móvil.

Asegure la cuenta de su correo electrónico

Las cuentas de correo electrónico son vulnerables al hackeo desde hace tiempo. Regularmente leemos sobre violaciones de datos o piratas informáticos que hackean las cuentas de correo electrónico. Si solo utiliza la función 2FA, un pirata informático puede hackear su correo electrónico, hacer clic en el enlace "Olvidé mi contraseña", y restablecer su contraseña desde dentro de su cuenta.

Después de restablecer su contraseña, el hacker tendrá pleno acceso a su cuenta de criptomonedas.

Proteja su teléfono móvil

Los mensajes SMS son problemáticos porque el intercambio de SIM se ha convertido en algo muy común y es muy fácil. En el intercambio de SIM, un hacker se pone en contacto con su proveedor de servicios móviles y afirma estar en apuros por la pérdida de una tarjeta SIM o de un teléfono.

Utilice aplicaciones de autenticación

Si utiliza una aplicación autentificadora como Google Authenticator, Microsoft Authenticator o Authy, un hacker tendrá que hacer un esfuerzo adicional para entrar en su cuenta. Estas aplicaciones no son difíciles ni requieren mucho tiempo, pero debe configurarlas para cada cuenta de intercambio de criptomonedas. Hoy en día muchas DEX le pedirán que configure una cuenta de autenticación para poder realizar retiros o modificaciones a su cuenta. Lo más importante a tener en cuenta sobre la configuración de la aplicación de autentificación es que debe guardar la contraseña de respaldo de su cuenta, ya que, en caso de pérdida del teléfono, esta le servirá para reestablecer su cuenta.

Para evitar problemas con la contraseña de respaldo de la aplicación del autentificador y la frase secreta de su cuenta criptográfica, haga lo siguiente:

- Copie en un papel la contraseña de seguridad tal y como está escrita en la pantalla. Asegúrese de que sea fácil de leer y utilice una tinta que no pueda desvanecerse fácilmente o un papel que no pueda degradarse rápidamente con el tiempo.
- Copie la contraseña de seguridad dos veces y coloque cada copia en un lugar seguro diferente, una caja de seguridad es una buena opción. Grabe la contraseña en acero inoxidable a prueba de ácidos, fuego y golpes.
- Guarde las contraseñas de reserva en USBs protegidos por contraseña.

- Establezca una dirección de correo electrónico que solo utilice para actividades relacionadas con las criptomonedas. De este modo, si los piratas informáticos consiguen acceder a su cuenta de correo electrónico principal, el pirata no podrá acceder a sus cuentas de criptografía.
- Nunca le dé a nadie su seed frase o su contraseña de respaldo.
- Nunca almacene su seed frase o su contraseña de respaldo en un ordenador, smartphone, tableta, etc.

Consejos para contraseñas fuertes

Utilice contraseñas de 12 caracteres o más. A medida que las contraseñas aumentan su longitud, se vuelven más robustas y seguras. Las contraseñas fuertes utilizan una mezcla de letras mayúsculas y minúsculas, caracteres especiales y números. Los patrones deben ser aleatorios, y la ruta del teclado para escribirla no debe ser memorable. Tampoco deben incluir su información personal, ubicación o cualquier cosa que los hackers puedan adivinar basándose en sus antecedentes o en su familiaridad con usted.

Además, no reutilice contraseñas antiguas en la misma o en diferentes cuentas.

Si no está seguro de cómo generar contraseñas seguras, aquí tiene algunas formas de hacerlo:

- Utilice una aplicación generadora de contraseñas como NordPass para crear su contraseña.
- Utilice una frase y abréviela.
- Elija palabras al azar del diccionario y combínelas utilizando diferentes caracteres especiales y números.
- Utilice una cita famosa abreviada. Utilice emoticonos en su contraseña. Los emoticonos son combinaciones de caracteres especiales, signos de puntuación y números. Ejemplos: :) ;) <3 8), etc.

- Utilice contraseñas similares para todas sus cuentas, pero cambie el principio o el final para que sea especial para cada tipo de cuenta.

Los diferentes tipos de wallets

Cuando empiece a invertir en cripto, su primera parada será un exchange donde comprará sus monedas, la forma más fácil de guardar sus monedas es dejarlas en la wallet del exchange, pero no es la más segura. En 2022 muchos exchanges famosos y "responsables" colapsaron, como Celsius, BlockFi, FTX por mencionar algunos.

Además de esto, son objeto de hackers y estafas. Por eso, poseer sus propias claves y tener un monedero de auto custodia es la forma más segura.

Puede que sea un poco engorroso o menos fácil que los intercambios, pero esto es por la seguridad de su propio dinero.

Existen dos categorías principales de wallets: *hot* (caliente) y *cold* (fría). Una hot wallet es una cartera de software conectada a Internet. Por lo tanto, una cold wallet no está conectada a Internet.

Hot Wallets

Si su wallet está conectada a internet, se denomina caliente, ya que son más propensas a ser hackeadas, ya que el acceso a ellas está disponible contantemente.

Su atractivo proviene de su facilidad de uso, su comodidad y su idoneidad para el comercio diario. Los wallet calientes son fáciles de configurar, se puede acceder a sus fondos con facilidad y están disponibles para los operadores y los cripto inversores.

Cold wallets

Las cold wallets son carteras de criptomonedas que no están conectadas a Internet. Estas carteras son a prueba de hackeos porque los hackers no pueden acceder a ellas. Estas carteras son perfectas para los HODLers, veremos el termino más adelante, pero se refiere a las personas que compran cripto y la conservan por varios periodos de tiempo, y para aquellos que no comercian diariamente. Sin embargo, debe conectar la cartera a Internet para utilizar el cripto almacenado en una cartera fría. Por lo tanto, los cripto inversores deben asegurarse de utilizar una conexión segura cuando conecten sus carteras frías a Internet.

Si los inversores no aseguran sus conexiones, los piratas informáticos pueden hackear sus enlaces en medio de una transacción y robar cripto activos.

Hardware wallets

Un hardware *wallet es* un dispositivo que puede conectar a su ordenador y en el que puede almacenar sus claves públicas y privadas. Tiene el aspecto de una memoria USB. No tiene batería y puede acceder a todas sus aplicaciones de escritorio.

Puede encontrar una gran variedad de ellas en el mercado a diferentes precios. A menudo, los inversores principiantes en criptografía las encuentran difíciles de usar. Las empresas pioneras y más conocidas de este tipo de wallets son *Ledger* y *Trezor,* pero no son las únicas y cada vez hay más opciones y mejores precios. Cabe mencionar que al perder la memoria USB, se perdería el acceso a todos sus activos.

Wallets de papel

Las billeteras de papel son las wallets menos populares porque requieren estrictas precauciones de seguridad. Como su nombre lo indican la información de la wallet se codifica y se imprime en un papel, el cual hay que guardar cuidadosamente. Además, por lo general, las carteras de papel solo pueden utilizarse una vez. Además, no se pueden enviar fondos parciales a través de una cartera de papel.

Son a prueba de piratas informáticos porque no se conectan a Internet. Para utilizar estos monederos, debe descargar un código QR impreso. Aunque algunos monederos de papel permiten a los usuarios descargar un código y generar nuevas direcciones fuera de línea, otros no lo hacen. Antes de invertir en un wallet de papel, debe investigar su coste, las precauciones de seguridad recomendadas y el número de transacciones que puede realizar con su monedero de papel.

Wallets de escritorio

Las wallets de escritorio son las que se instalan en su ordenador. Debe instalar el software antivirus que viene. El software antivirus es esencial porque evitará que sus transacciones de criptomonedas sean pirateadas acceda a ella por internet. Estos wallets son fáciles de usar, no utilizan a terceros, proporcionan anonimato y le dan privacidad. Algunas carteras de escritorio son Exodus, Bitcoin Core y Electrum.

Wallets para teléfonos móviles

Las wallets para móviles son como las wallets de escritorio, pero el diseño es óptimo para el rendimiento del teléfono móvil. Desafortunadamente, a pesar de estar bien diseñados para las transacciones diarias, son vulnerables a la infección por malware. Estos monederos también deben estar encriptados para que cualquiera que acceda a su teléfono móvil no pueda acceder fácilmente a sus wallets o transacciones. Si está interesado en carteras móviles, consulte Coinomi y Mycelium. Hoy en día muchas wallets de escritorio han creado una versión para el teléfono móvil, así su portafolio del ordenador está conectado con su teléfono.

Wallets de web

Se accede a los monederos web mediante los navegadores de Internet y son vulnerables a muchos ataques en línea como phishing, malware, riesgos de las extensiones del navegador. Pueden estar alojados o no en línea. Los alojados tienen más probabilidades de ser accedidos por los hackers que los no alojados. Es mejor utilizar los monederos no alojados porque con ellos siempre controla directamente sus fondos. Son adecuados para pequeñas inversiones y NFTs. Algunos ejemplos de monederos web son MetaMask y Binance Smart Chain Wallet.

Abrir una cuenta en una plataforma de intercambio

¿Está preparado para abrir una cuenta CEX? Si aún no ha abierto una, es necesario que haga su propia investigación y directamente en la página web de la CEX de clic in abrir cuenta. Los pasos son intuitivos.

Algunas CEX tienen el acceso restringido según la ubicación en el mundo donde se encuentre, sin embargo, la mayoría le permitirá hacerlo.

Como mencione anteriormente, una CEX como Binance o Coinbase, son tan grandes, que, si usted quiere comprar una criptomoneda nueva, ya tiene un precio demasiado elevado y el porcentaje de ganancia es menor. Estas son ideales para proyectos sólidos y con gran volumen de transacciones.

Por lo tanto, es una buena idea tener cuentas en al menos un par de DEX una grande como Binance que enlista los proyectos más grandes y sólidos y otra más pequeña como Kucoin, donde enlistan proyectos nuevos o menos conocidos, pero que si han tenido un proceso de estudio antes de enlistarla y que pueden tener gran potencial.

Cuáles son las mejores Wallets?

Considerando las mejores opciones en el mercado actualmente, he creado una pequeña selección de wallets para su consideración, tenga en cuenta que la selección de estas carteras están basadas únicamente en mi opinión personal, considerando mi propia experiencia y mis necesidades. Dicho eso, puedo concluir que la mejor opción siempre será una wallet sin custodia, después de una breve investigación tenemos las siguientes opciones, sin embargo, es aconsejable hacer siempre su propia investigación para encontrar la mejor opción para usted.

Hot Wallets

Existen muchas opciones de wallets en el mercado hoy en dia, en realidad hay tantas que incluso cada proyecto, llega a desarrollar un wallet especialmente dedicado para el token del proyecto. Sin embargo como inversor, uno busca un producto que sea cómodo, seguro y fácil de utilizar, para ellos los principales aspectos son la seguridad y la cantidad de tokens que soporte.

Aquí menciono dos de las hot wallets mas grandes del mercado y que tienen un record limpio de hacks y problemas de seguridad en general, pero como ya he mencionado en varias ocaciones, es importante hacer su propia investigación y ver cual es el producto que mas se acomode a sus necesidades.

TRUST fundada en California en 2017. Es descentralizada y una cartera no custodio, comprada por Binance en 2018. Permite comprar almacenar, intercambiar y cobrar NFT. Puede descargar la aplicación móvil desde su App Marketplace o desde la página web principal del proyecto. Tiene un amplio historial de seguridad, nunca ha sufrido un hackeo y admite un gran número de activos digitales. Da acceso a la aplicación descentralizada y es fácil de usar para los principiantes. Es una opción sólida para empezar y es gratuita.

EXODUS es muy popular debido a su seguridad, facilidad de uso y características interesantes. Puede utilizarlo como software en su pc o en su teléfono móvil. No tiene registro de hacks y se asoció con Trezor, una billetera de hardware que explicaremos más adelante. Soporta más de 364 activos y puede intercambiar dentro del software. Sin embargo, se trata de carteras calientes y, debido al hecho de estar conectadas a Internet, puede ser arriesgado.

Cold Wallets

En términos de seguridad, la mejor recomendación son las carteras hardware. Un monedero hardware es un dispositivo compacto, como una unidad USB con el propósito principal de guardar claves privadas y mitiga el riesgo de factores externos ya que funciona offline, simplemente se vinculan a su ordenador y se conectan a su software. Siempre debe comprarse en la tienda oficial, tras una profunda investigación de las mejores opciones del mercado en este momento, siempre puede seguir investigando por si llega una opción mejor.

LEDGER

Empresa francesa bien establecida en 2014, tiene a 2 productos, el NANO X y el NANO X Plus, ambos son muy buenos, el X tiene la característica de Bluetooth para conectarse a su teléfono. Soporta más de 5500 monedas y token, son muy seguros y nunca ha sufrido un ataque hack. Los precios son muy asequibles y se venden en todo el mundo.

TREZOR

Fundada en 2013 en Chechia, es una cartera hardware muy popular y fácil de usar, puede almacenar más de 7000 claves de diferentes activos. En términos de seguridad cuenta con un chip certificado EAL6.

Como dato curioso, en 2024 habrá unos 420 millones de usuarios de criptomonedas en todo el mundo y sólo el 2 % utiliza billeteras de hardware, es sorprendente saber cómo la gente realmente cuida sus inversiones y definitivamente no es la forma más responsable.

Si quiere tener lo más seguro, este es el mejor camino a seguir. Y por último es importante guardar su frase de semillas de la forma más segura posible

PARTE 7: ANALISIS DE PROYECTOS DE CRIPTO

Los inversores utilizan principalmente el análisis fundamental y técnico para decidir con qué criptomonedas quieren operar o comprar. El análisis fundamental se centra en estudiar el proyecto en sí y estimar su potencial de crecimiento, longevidad y valor de mercado. En comparación, el análisis técnico se centra en observar los movimientos históricos de los precios y hacer predicciones sobre los movimientos futuros de los precios utilizando las tendencias del mercado del activo. En última instancia, debe elegir una estrategia de inversión que refleje su tolerancia al riesgo y su percepción de los activos.

El análisis fundamental (AF) requiere que un inversor dedique mucho tiempo, energía y esfuerzo en estudiar una empresa y determinar su "verdadero" o el intrínseco valor de mercado y su potencial de crecimiento. Este análisis es el mejor para las personas que planean adquirir y mantener un activo durante más de un año.

Por lo general, se cree que es la mejor estrategia de inversión para las personas que quieren crear un patrimonio generacional y ser financieramente independientes. No requiere de mayores conocimientos de *trading* y puede usted adquirir sus activos a su propio tiempo.

Por otro lado, el análisis técnico AT es el más utilizado por los inversores a corto plazo, ya que su éxito en el mercado depende de la realización de operaciones en puntos de precio óptimos. El AT se centra en el rendimiento histórico de un activo en el mercado y utiliza su rendimiento anterior para predecir sus futuros movimientos de precios. Sus herramientas utilizan las tendencias de los movimientos de los precios, las ecuaciones matemáticas que resumen los movimientos de los precios a lo largo del tiempo y otros tipos de señales del mercado que los operadores pueden identificar mediante el análisis informático.

Los inversores que utilizan herramientas de AT para tomar decisiones de negociación suelen utilizar más de una para determinar la tendencia del mercado y las operaciones en las que deben entrar y salir.

Ninguna de las dos técnicas de análisis puede garantizar el éxito en el mercado como inversor en criptomonedas, debe elegir la que se ajuste a sus intereses, estilo de vida y nivel de compromiso de tiempo.

Análisis Fundamental

El AF examina las operaciones, la gestión y las perspectivas de mercado futuras de un proyecto de cripto y ayuda al inversor a determinar si el precio de la criptomoneda está sobrevalorado o infravalorado. Además, mide los aspectos de un proyecto que probablemente afecten al éxito financiero y a la longevidad del mismo.

Esta técnica de análisis incorpora los ingresos, el capital, la distribución de activos, la marca, la actividad de la comunidad en línea, el potencial de crecimiento futuro, el rendimiento del capital, el pasivo y otra información de una empresa de criptomonedas en la estimación del inversor sobre el valor, el potencial futuro y la longevidad potencial del emisor de criptomonedas.

Análisis Cualitativo y Cuantitativo

Los inversores revisan las características clave de la empresa que ha emitido la criptomoneda. Algunos factores considerados son:

- Gestión
- Competitividad del proyecto y su ventaja competitiva
- Estructura organizativa
- Patentes
- Tecnología propia
- Marca
- Gobierno corporativo
- Nicho de mercado
- Tamaño del mercado
- Competidores
- Regulación del mercado
- Ciclos comerciales

- Estados financieros

Operaciones: Gestión corporativa, gobierno, estructura organizativa
Como inversor, usted quiere conocer a los responsables de la toma de decisiones de la empresa y cómo ésta toma las decisiones. En resumen, quiere estar seguro de que los responsables de la empresa tienen las habilidades y la experiencia necesarias para tomar decisiones que tendrán un impacto positivo en el valor de la criptomoneda que está comprando o negociando.

Ventajas tecnológicas: Patentes, tecnología propia, Algoritmo de Consenso
Las empresas de criptomonedas pueden emitir monedas alojadas en diferentes blockchains. Se puede distinguir fácilmente el éxito de una criptomoneda por los nichos de mercado que ocupan: cuanto mayor sea la utilidad, mayor será su valor de mercado y su demanda. Las criptomonedas con usos limitados deben generar una alta demanda, porque si no lo hacen, nadie los comprará ni los utilizará. Para que un proyecto con utilidad limitada genere una alta demanda, debe ocupar un nicho de mercado desatendido o tener usuarios que necesiten sus servicios.

La tecnología incorporada en las operaciones del ecosistema, la emisión, las oportunidades de inversión pasiva o el origen del proyecto también pueden afectar significativamente a su valoración y reputación en el mercado.

Los inversores suelen preferir adquirir cripto emitidas por empresas que no sean susceptibles de los hackers, de quedar inutilizadas debido a una planificación operativa o un mantenimiento defectuoso.

Tokenomics
El termino tokenomics se refiere a la oferta, el control de la oferta y el uso del token. Además, los inversores deben saber si el token tiene un ecosistema, si puede utilizarse en más de una blockchain, si esta enlistada en varias plataformas de intercambio y cómo distribuye la empresa el token al público.

Oferta de tokens

Los tokens con un suministro limitado probablemente aumenten su valor con el tiempo, especialmente si la empresa elimina un porcentaje notable de tokens anualmente. Además, si una criptomoneda tiene un suministro ilimitado de tokens, querrá saberlo:

- ¿Cómo se emiten los tokens?
- ¿Cuántos tokens crea la empresa cada año? ¿Cuántos tokens quema la empresa cada año?

Accesibilidad de los tokens

Los tokens comprados en los CEXs tienen más credibilidad que los tokens que solo se pueden comprar en los DEXs porque los DEXs tienen requisitos de cotización más bajos para los tokens criptográficos que los CEXs. Debido a requisitos menos estrictos, los DEXs tienen más tokens de bajo valor y fraudulentos que los CEXs. Por lo tanto, al invertir en tokens de criptomonedas, como inversor principiante, protéjase centrándose en criptomonedas que puedan comprarse en los CEX y que tengan varios pares de intercambio. Cuantos más pares de intercambio tenga una criptomoneda será comprar, vender o comerciar.

Distribución de tokens

Si el token ha tenido una oferta inicial de monedas ICO *Initial Coin Offering* en inglés, o está planeando una, considere cuidadosamente el porcentaje de tokens que poseen los fundadores, el equipo de desarrollo y los inversores externos. Si el público no posee la mayoría de los tokens, es una señal de alarma de que los creadores del token no tienen fe en él y de que no creen que el token vaya a tener valor con el tiempo.

Los emisores de tokens que creen que su token tiene valor y un futuro rentable hacen que una minoría de los tokens se distribuya entre los fundadores y el equipo de desarrollo. Distribuyen el grueso de los tokens al público a través de diferentes ofertas, por lo que los actuales interesados no pueden comprarlos, antes de que el público en general pueda adquirir los tokens en circulación.

Marca

La marca se refiere a la reputación del token o de su cadena de bloques. Si una marca es bien conocida y tiene una buena reputación, es probable que su valor sea más alto de lo que justifican sus características de mercado y el potencial del proyecto.

El sentimentalismo de la marca puede hacer que la gente compre y mantenga un token con un uso limitado, poco desarrollado y carente de singularidad como los son los memecoins como Dogecoin DOGE o Shibainu SHIB. Por lo tanto, si está considerando invertir en estas monedas, debe saber hasta qué punto el valor de mercado del token depende de los sentimientos de la gente.

Apoyo y compromiso de la comunidad

A la hora de evaluar el valor de un proyecto y su potencial de crecimiento futuro, el apoyo y el compromiso de su comunidad son factores clave para determinar su valor real y su potencial. Una comunidad online activa, comprometida y en crecimiento es fundamental para la adopción masiva. Sin una adopción masiva o una adopción creciente de un token de criptomoneda, no es probable que el token aumente su valor, liquidez o accesibilidad.

Cuando el interés y la necesidad por la criptomoneda son elevados, otros posibles inversores se interesarán e invertirán en el token. Además, es más probable que los desarrolladores de proyectos de cripto y blockchain creen un proyecto o una aplicación que incorpore la criptomoneda en sus proyectos y aplicaciones.

Características del mercado

A la hora de estimar el crecimiento potencial del valor de un token, hay que tener en cuenta el tamaño del mercado, la valoración del mismo, su singularidad y cómo afecta la regulación a su funcionamiento.

Estados financieros

Los inversores que utilicen FA también revisarán los estados financieros, la cuenta de resultados y el estado de flujo de caja de la empresa emisora.

El famoso White Paper

La mayor parte, si no toda, la información enumerada en la sección del Análisis Fundamental, debería estar en el que denominaremos *White Paper* de la criptomoneda.

El White Paper es un documento que se presenta cuando se crea un proyecto o emite una criptomoneda, presenta toda la información relevante que a uno como inversor le interesa y marca una ruta de trabajo, un cronograma de los siguientes pasos o desarrollo que llevara el proyecto en los próximos años. Si no existe un White Paper o el equipo de desarrollo del proyecto no ha emitido comunicados de prensa con dicha información, debe desconfiar de invertir en el proyecto.

Debe decidir si el proyecto parece legítimo o si es una de las miles de estafas de criptomonedas que separan a los inversores de su dinero.

Tenga en cuenta que las ofertas iniciales de monedas ICO *Initial Coin Offering* y otras ofertas públicas de tokens son formas de moda de estafar a los inversores principiantes e inexpertos. Los *White Papers* elaborados por los estafadores y defraudadores tienen un aspecto muy atractivo, por lo general tienen unos gráficos magníficos, y a menudo son copiados de otros proyectos. La clave para diferenciar entre proyectos de criptomonedas y blockchain falsos y auténticos es fijarse en las partes técnicas del proyecto, la financiación, la distribución de tokens, la comunidad en línea, las metas del proyecto logradas y los planes a largo plazo.

Las ICOs falsas tienden a estar escasamente financiadas, carecer de una comunidad en línea activa y comprometida, tener enormes lagunas de información sobre su funcionamiento técnico interno, distribuir la mayor parte de los tokens a personas involucradas en el proyecto y tener una perspectiva a corto plazo, entre los principales aspectos.

Estas son sus principales debilidades porque no planean que el token aumente de valor, sea práctico o se mantenga "vivo" mucho tiempo. Por eso, quieren vender su token al público y desaparecer con los fondos de sus inversores.

Análisis de un Proyecto Cripto

Al evaluar una cadena de bloques, debe incluir varios factores en su análisis de su potencial de generación de ingresos y rendimiento:

- Número de transacciones - Las transacciones procesadas durante períodos específicos indican el nivel de actividad y demanda del proyecto. El número total de transacciones incluirá la transferencia de fondos entre cripto wallets, por lo que no puede aceptar esta cifra al pie de la letra.
- Número de direcciones activas - Las formas de contar el número de direcciones activas varían. La forma más sencilla es contar el número de direcciones emisoras y receptoras dentro de un periodo determinado.
- Tasas de transacción - Fíjese en las tasas de transacción que pagan los usuarios de la plataforma de la cadena de bloques. Cuanto más altos sean los costes en las subastas de los grandes usuarios de la plataforma, más éxito tendrá ésta.
- Hackeos de la blockchain - Si la blockchain ha sido hackeada repetidamente, es posible que quiera pasar de ella. Las blockchains con un soporte adecuado, buena codificación y tráfico generalmente no son fáciles de hackear.
- Tiempo de inactividad de la blockchain - Si la blockchain ha tenido que suspender sus actividades porque se ha visto desbordada por las transacciones o se ha colapsado debido al uso intensivo de sus servicios por parte de los usuarios de la plataforma, es quizás preferible no considerarla.
- Las blockchains pueden procesar las transacciones mucho más lentamente cuando hay tráfico en ellas, pero no deberían colapsar. Si la blockchain se ha caído más de una vez, debe investigar cuidadosamente al equipo de desarrollo y lo que ha hecho para evitar que esto ocurra en el futuro.

Análisis Técnico TA

Existen cinco categorías principales de herramientas de AT. Las categorías son:

1. Estadísticas de negociación (por ejemplo, volumen de negociación)
2. Análisis de los patrones gráficos
3. Niveles de resistencia y soporte
4. Indicadores técnicos

Los inversores suelen utilizar una combinación de herramientas de AT para leer el mercado. Lo hacen porque si las herramientas dan al operador la misma señal, se confirman mutuamente. Si dos o más herramientas se confirman mutuamente, el inversor puede estar seguro de que las predicciones del mercado sobre los movimientos de los precios son correctas o tienen más probabilidades de ser precisas. Además, las herramientas pueden indicar la fuerza de la tendencia del mercado, y cuanto más fuerte sea la tendencia del mercado, mayores serán las posibilidades de que el operador la haya leído o interpretado correctamente.

Las herramientas de AT ayudan a los operadores a reducir su riesgo de mercado y sus errores de trading. Sin embargo, no eliminan todos los riesgos. Por ejemplo, los inversores nunca pueden estar seguros de haber hecho las predicciones correctas sobre la tendencia del mercado, porque a menudo se parecen en cierta medida. Además, los inversores nunca pueden saber cuánto durará una tendencia y con qué rapidez cambiará.

El Análisis Técnico y sus Limitaciones en Cripto

Además, no se pueden predecir por completo los movimientos del mercado de criptomonedas basándose en los resultados anteriores del mercado. Además, no se pueden correlacionar los movimientos de precios de los cripto activos con los acontecimientos mundiales, las economías o las inversiones reales; por lo tanto, su volatilidad es aun más impredecible. El análisis técnico y el análisis de gráficos en general, se dan cuando existe una base de datos suficientemente grande par como realizar comparaciones o calcular ciclos, como muchos proyectos son nuevos, carecen de dichos datos estadísticos, por lo tanto, es imposible aplicar TA en estos casos.

Algunas personas operando Futuros, por ejemplo, pueden intentar analizar monedas que llevan varios años en el mercado e intentar identificar una tendencia ya sea alcista o bajista, pero no se puede garantizar al 100% por cierto una decisión, es solo un elemento adicional, para confirmar probabilidades nada más.

Componentes del Análisis Técnico

En esta sección se revisarán los factores críticos utilizados por la mayoría de las herramientas de AT para determinar las tendencias del mercado. Los elementos revisados son el marco temporal de análisis, el volumen de negociación, los candelabros, los niveles de soporte y resistencia, y los patrones gráficos que podrían indicar una tendencia alcista, bajista, de inversión, de ruptura, etc.

Los inversores se centrarán en diferentes periodos de tiempo porque se dedican a operar a corto o a largo plazo. Así pues, veamos cómo cambia el tiempo de observación del mercado en función del tipo de operador.

Duración del Periodo de Análisis

Los "scalpers" entran y salen del mercado rápidamente (en 1-5 minutos).
Los inversores diarios entran y salen de las operaciones en un día. Suelen revisar los gráficos de mercado de 5, 15 y 60 minutos.

Los inversores de posición prefieren las operaciones a largo plazo, que van de 1 día a varias semanas.

Operar en marcos temporales concisos suele ser mejor para los mercados volátiles y altamente especulativos.

Volumen de negociación

El volumen de negociación se refiere al número de transacciones realizadas en un periodo específico y se utiliza para indicar la fuerza de una tendencia de mercado. Las tendencias más sólidas tienen volúmenes de negociación más altos, y las tendencias débiles tienen volúmenes de negociación bajos.

Las velas de los gráficos

Los gráficos de velas son muy populares entre los inversores con y sin experiencia. Las velas muestran los movimientos del precio de un activo durante un periodo determinado.

Las velas tienen un cuerpo, son rojas o verdes y tienen un máximo de dos sombras.

Velas verdes

La parte inferior es el precio de apertura y la superior es el precio de cierre. Si el precio de cierre es superior al de apertura, por lo que se considera alcista y representa de verde.

Velas rojas

Al contrario de las velas verdes, si el precio de cierre fue inferior al precio de apertura entonces la vela se representará con el color rojo.

Una serie de velas rojas, puede dar indicación de una tendencia a la baja, por el contrario, una serie de velas verdes da una tendencia al alza.

Es importante entender que el grafico de velas es el mismo que se utiliza en todos los mercados de finanzas. Entenderlos requieren dedicación y estudio. A cada grafico se le puede adicionar indicadores, los cuales son muchísimos, si bien no es necesario aprender a utilizarlos todos, es importante comparar al menos dos indicadores, si ambos coinciden con la tendencia, entonces se puede tomar una decisión.

En internet hay muchos cursos y videos que explican de manera sencilla el funcionamiento y como entender los patrones que se van creando, pero como todo, para poder perfeccionar el entendimiento del grafico de velas, es necesario practicar.

La Practica Hace al Maestro

Como le mencione anteriormente, si desea poder utilizar los gráficos de velas de manera segura, necesita practicar. Existen muchas plataformas online, gratuitas, que le permiten abrir una cuenta y le brindan una cantidad de dinero ficticio con el cual usted puede operar tal cual como lo haría en una plataforma real de trading,

Esta práctica se denomina *Paper Trading* puede practicar sus habilidades de trading utilizando el paper trading. Después de realizar las operaciones, puede observar los resultados de sus decisiones en el mercado y desarrollar estrategias para optimizar su rendimiento en el mercado.

Le recomiendo que abra una cuenta de demostración con una plataforma con la que esté interesado en operar en el futuro. Ya que, si bien todas las plataformas son similares, no todas son iguales, y quizás querrá empezar a hacer trading en una plataforma igual a la que estuvo practicando y ganando experiencia.

Algunas plataformas que puede considerar si decide abrir una cuenta demo son

- eToro
- AvaTrade
- Capital.com
- Tradier
- Invcstopcdia
- Interactive Brokers
- Forex.com

Finding that Gem!

En el mundo de cripto se habla muy a menudo de "Gems", gemas, piedras preciosas, y se refiere a aquellos proyectos nuevos, poco conocidos, con un precio extremadamente bajo, pero sobre todo considerando el potencial de crecimiento que tienen.

Utilizando la información de este libro y haciendo un estudio detallado de los proyectos que existen, podrá encontrar proyectos que a mediano y largo plazo le retornaran muy buenos beneficios.

Yo compartiré con usted algunos de los datos particulares que busco en proyectos nuevos, donde compra dichas criptomonedas y cuales, en mi punto de vista personal, están infravaloradas y tienen gran potencial de crecimiento.

Lo primero es buscar información sobre el potencial proyecto en páginas como coinmarketcap.com o coingecko.com, en ellos las monedas que están en el mercado, están ordenadas por el número de capitalización.

Segundo me fijo en monedas cuya capitalización de mercado, lo cual representa el dinero que los inversores tienen comprometido con el proyecto, sea de por lo menos 200 millones de dólares.

Es posible considerar que para que una moneda potencialmente duplique su valor, también lo debe hacer su capitalización de mercado.

Tercero, realizo un análisis fundamental del proyecto, leo el *White Paper*, e interpreto las potenciales soluciones o novedades que como proyecto aún no existen.

Cuarto me fijo en las plataformas de intercambio en la que estén enlistado el proyecto, quizás solo este enlistado en una plataforma de mala reputación o bien, una en la que no tenga interés en crear una cuenta.

Con todo lo anterior, voy creando filtros y voy eliminando proyectos que quizás haya leído en algún artículo o que haya oído hablar a alguien, sobre la próxima *"Crypto Gem"* y decido si quiero y puedo participar en el proyecto o no.

PARTE 8: ESTRATEGIAS Y ELEMENTOS CLAVE PARA GENERAR DINERO CON CRIPTO

Los inversores de cripto que quieran hacerse millonarios y crear una riqueza multigeneracional deben ser inversores disciplinados, desapasionados y que lleven un registro para establecer objetivos, hitos y estrategias de entrada y salida del mercado. En general, el mejor plan para acumular riqueza es invertir en cripto activos que sean prometedores a largo plazo.

Por primera vez en la historia, las criptomonedas han democratizado la oportunidad de hacerse millonario. Además, en lo que respecta a la conservación de la riqueza, las criptomonedas pueden ser fundamentales para mantener intactas las fortunas de las familias y transmitirlas a las generaciones futuras. Con una capitalización de mercado superior a los 400.000 millones de dólares, se calcula que hay 18.000 nuevos millonarios debido al ascenso del Bitcoin. Además, el ascenso del bitcoin puede estar solo en sus inicios y se está produciendo a escala mundial, lo que significa que existe una rara oportunidad de acumular una cantidad masiva de riqueza; históricamente, las transferencias de riqueza se han producido principalmente a escala regional.

Mantenga su árbol de la riqueza creciendo asegurándose de que tiene raíces profundas. Las raíces profundas provienen de la realización de inversiones sólidas en sectores de crecimiento con un buen retorno de la inversión. Las criptomonedas, la tecnología blockchain y las industrias relacionadas con las criptomonedas no van a desaparecer. Están evolucionando para cubrir necesidades insatisfechas en diferentes mercados y para gestionar de forma más eficiente las transacciones comerciales.

Ahora bien, probablemente se pregunte hasta qué punto es viable cripto en general como inversión a largo plazo, ya que su mercado sube y baja repentinamente sin que haya una razón aparente que explique la causa de los cambios en el mercado. Bueno, esto también ocurre en el mercado de valores. Sin embargo, hay algunas explicaciones potenciales para los cambios del mercado de valores ya que este está vinculado a activos y servicios tangibles del mundo real.

Los inversores prudentes saben que, cuando el mercado está agitado y no saben qué hacer con sus cripto inversiones, no deben hacer nada. Su debida diligencia en la selección de sus inversiones, sus estudios de la actividad del mercado, su desapego emocional al proyecto y sus planes de salida de la inversión predeterminados le dirán qué hacer. Pero la mayor parte del tiempo, no debe hacer nada. Simplemente espere su momento y observe cómo se reajusta el mercado.

Los inversores con mentalidad a largo plazo no se preocupan por los caprichos diarios del mercado. En su lugar, miran el panorama general, el rendimiento de sus inversiones a lo largo del tiempo y las oportunidades de añadir inversiones valiosas a su cartera. Por ejemplo, los inversores de gran éxito que invierte a largo plazo, no venden sus activos cuando caen repentinamente de valor o cuando hay un mercado bajista. En cambio, cuando el mercado está en el sótano, va a buscar grandes inversiones que produzcan rendimientos sólidos y sostenibles en el tiempo. En resumen, tiene que haber congruencia entre sus intenciones y sus acciones. Tomar decisiones por miedo es incongruente con una estrategia de inversión a largo plazo.

En estos momentos, estamos en un mercado bajista, como también los está la bolsa de valores tradicionales, así como ha perdido precio Bitcoin y otras criptomonedas, también lo han hecho acciones como Netflix, Apple, Uber. Es el resultado del cambio que está viviendo el mercado financiero a nivel mundial.

Piense a Largo Plazo

Muchas personas están constantemente buscando en el método mágico de hacerse rico "rápido", y la verdad, algo como tal no existe, o bien deberíamos definir que es rápido.

Cripto no garantiza hacerse rico de la noche a la mañana, o en la mayoría de los casos, pero potencialmente entre dos a cinco años, y si garantizar una tranquilidad y libertad financiera en cinco años no es rápido, quizás el concepto de tiempo necesitaría un poco de sintonización.

En mi opinión no es rápido, tener un sueldo, trabajar de 9am a 5pm y esperar a jubilarme para poder disfrutar con lo que haya podido ahorrar y si es que el cuerpo y la salud me lo permiten.

Tómese el tiempo necesario para investigar y encontrar las mejores inversiones en cripto que a usted le gusten y que crea interesantes. Encontrar una inversión que funcione para usted significa que, si tiene una baja tolerancia al riesgo y fondos limitados para invertir en el mercado de las criptomonedas, no querrá invertir en derivados, contratos por diferencias (CFD) o tokens de criptomonedas de alto riesgo como, por ejemplo, ofertas iniciales de monedas (ICO), las cuales no tienen un mercado, ni una demanda establecidos. Sin embargo, si tiene dinero para arriesgar y puede tolerar inversiones de alto riesgo sin deprimirse, entonces las inversiones en criptografía de alto riesgo y altamente especulativas podrían ser una buena opción. Del mismo modo, si está entrando en el mercado y quiere invertir en activos más conservadores con menor riesgo e historial de mercado, ponga su dinero en proyectos ya establecidos como los son Bitcoin, Ethereum, Ripple, Cardano entre muchos otros.

Objetivos de inversión

Si el objetivo de su inversión lo tiene claro, luego averiguar en qué invertir y cuándo vender se vuelve fácil. Cada vez que realice una inversión, anote el objetivo de la misma. Por ejemplo, si su objetivo es invertir 1.000 dólares y pagar 4.500 dólares de deuda, entonces haga que ese sea su objetivo. Sin embargo, si su objetivo es generar una riqueza multigeneracional, debe encontrar proyectos adecuados, invertir estratégicamente su capital y buscar inversiones prometedoras a largo plazo. Además, haga un seguimiento de la evolución de cada activo para poder identificar los que son más rentables y los que tal vez quiera abandonar o evitar en el futuro.

Tipos de Inversión

La mayoría de la gente se inclina por una de las tres estrategias de inversión en cripto y estas son el *Trading, HODLing* o una combinación de las dos.

Trading

El trading a menudo se refiere al day trading o a la inversión a corto plazo. Los inversores tratan de entrar y salir de las posiciones en momentos específicos para obtener beneficios rápidamente. Antes de tomar una posición concreta, el operador determina el momento de las operaciones, los precios de mercado de la compra-venta y la tolerancia a los altos niveles de volatilidad del mercado mientras busca ganancias a corto plazo.

Aunque el trading puede ser muy lucrativo para algunos, la mayoría de las personas pierden dinero o ven anuladas sus ganancias por sus pérdidas. Además, el éxito de las operaciones depende de que se tome la decisión correcta en el lugar y el momento adecuados. También requiere que los inversores se mantengan desapasionados, actúen de forma independiente y se mantengan al tanto de lo que pasa en el mercado mientras ejecutan sus estrategias de trading. En resumen, los inversores de cripto que son exitosos, suelen tomar sus propias decisiones y no siguen lo que los demás hagan, por el simple hecho de copiar.

HODLing

El HODLing, viene de inglés *hold*, mantener, poseer, resistir, aguantar y en jerga de cripto se escribe con la d antes de la l, *"hodl"* es cuando los inversores invierten en proyectos a largo plazo. El largo plazo puede ser de 1 año a más. Independientemente del periodo de inversión, se comprometen a mantener las criptomonedas y a esperar a que estos maduren o que el proyecto evolucione para eventualmente venderlos. Los HODLers se enorgullecen de observar los movimientos del mercado, de tomar decisiones de inversión acertadas y de no verse afectados por las decisiones impulsadas por el mercado de la mayoría de los inversores que hacen trading.

HODLing cripto es uno de los grandes pilares de la construcción y la retención de riqueza, junto con los otros pilares, incluyendo bienes raíces, metales preciosos, acciones, bonos y seguros de vida.

Conservar sus tokens durante años ha convertido a algunos de ellos en multimillonarios, a otros en millonarios y a un gran número de ellos en un jugoso beneficio. Sin embargo, para alcanzar ese nivel, tuvieron que mantener sus monedas y creer que su valor seguiría subiendo con el tiempo. Por desgracia, la mayoría de las personas que invirtieron inicialmente en Bitcoin y Ethereum no tenían esta creencia y, en cambio, se retiraron en cuanto tuvieron la oportunidad de obtener un beneficio decente al venderlos.

HODL es la mejor estrategia de enriquecimiento

Si quiere hacer HODL para acumular riqueza generacional, primero debe encontrar un proyecto en el que usted crea que merece la pena invertir dinero y no tocarlo durante años. Dado que hay miles de proyectos en el mercado, ya que se lanzan cientos de monedas nuevas cada año y que la mayoría se convierten en proyecto fracasados en menos de dos años después de su lanzamiento, esto no es una tarea fácil. Aunque hay un poco de suerte en encontrar los proyectos que madurarán en valor con el tiempo y lo convertirán en millonario, hay algunas cosas elementales que debe hacer para aumentar sus posibilidades de identificarlos.

Como le mencione al final del capítulo anterior, para encontrar su *Gem,* esas son las mismas acciones que debe hacer para encontrar un proyecto sólido y que se mantenga en el mercado por varios años. Sin embargo, lo siguiente aumentará sus posibilidades de encontrar cripto-tokens dignos de HODL.

Investigue a los fundadores y al equipo de desarrollo

Para impulsar el desarrollo, el lanzamiento, la puesta en circulación y el mantenimiento de un proyecto, se necesitan fundadores y un equipo de desarrollo con una visión, una experiencia en la tecnología de las criptomonedas y la cadena de bloques, y algunas conexiones con el sector. También deben tener una presencia activa en línea que usted pueda rastrear. Por ejemplo, deberían tener perfiles en LinkedIn, formar parte de foros de cripto en línea y haber participado en al menos un proyecto de cripto en el pasado. Los fundadores y el equipo de desarrollo no tienen que tener un historial tecnológico impecable; como grupo, deben complementarse entre sí y proporcionar las habilidades, los talentos, los conocimientos y la experiencia necesarios para desarrollar, lanzar y mantener un cripto token.

Evalué las metas del proyecto

Los desarrolladores de blockchain crean proyectos de criptomonedas para obtener una inversión, una utilidad y un valor a largo plazo y deberían tener metas establecidas antes de lanzar una cadena de bloques. Los desarrolladores deberían reservar un capital para financiar el mantenimiento y el desarrollo del token, un sistema para generar más ingresos para invertir en el token, y un esfuerzo activo para reinvertir los fondos en el token y en los servicios que proporciona a sus usuarios. Sin este tipo de inversión financiera, lo más probable es que no sea una excelente inversión a largo plazo.

Investigue la comunidad del token

Los tokens de criptomonedas que van a durar necesitan una comunidad que los apoye, que difunda información sobre ellos, que cree una demanda y que tenga interés en poseerlos. Puede encontrar comunidades de criptomonedas en X (Antes Twitter), Reddit, Discord y Facebook. Si quiere invertir en un token, preste atención a las charlas y discusiones sobre el token. Sin embargo, no debe asumir que todo lo que oye o lee sobre el token que le interesa sea auténtico.

Observe la distribución de la moneda

Antes de invertir en un token, investigue quién tiene la mayoría de los tokens. Si los fundadores y el equipo de desarrollo planean que el proyecto aumente su valor, sea una inversión a largo plazo y tenga una gran comunidad, entonces necesitan que el público posea la mayor parte, por lo menos el 50% de los tokens.

Aléjese de los tokens y de los proyectos en los que los fundadores, el equipo de desarrollo y los grandes inversores poseen la mayor parte de los tokens. Si el público posee solo el 30% de los tokens, es probable que los interesados en el proyecto se deshagan de los tokens cuando su valor suba a un determinado nivel. Además, si los fundadores y el equipo de desarrollo exigen a los inversores que intercambien fichas de alto valor por su ficha recién lanzada, puede tratarse de una estafa.

Lamentablemente, en estos casos, los inversores se quedan con tokens sin valor y no tienen forma de obtener justicia.

La utilidad del token
Los tokens con un futuro de mercado a largo plazo deben ser útiles. Los tokens deben servir a algunas necesidades insatisfechas en el mercado de las criptomonedas. Si el token domina el nicho para el que fue diseñado, habrá una necesidad y una demanda para él. Además, lo que tiene de único el token y su blockchain le permitirá desarrollar una posición fuerte en el mercado y mantenerla.

Piense a Largo Plazo
Recuerde que se trata de una estrategia de inversión a largo plazo y no de un esquema para hacerse rico rápidamente. El verdadero secreto aquí es el tiempo en el mercado. Su inversión en tecnología servirá a masas de personas y creará un valor compuesto anualmente. Por lo tanto, lo que dé ahora podría devolverle 10 veces, 100 veces o incluso 1.000 veces en el futuro.

Su inversión inicial en criptomonedas es como plantar una semilla, dejar que eche raíces y cosechar las recompensas de su crecimiento con el tiempo.

Criptomonedas Para Hacer Hodling
A continuación, encontrará algunas criptomonedas de que las que puede hacer Hodling y de las que yo personalmente sigo desde hace varios años. Principalmente porque cumplen los criterios que en mi análisis fundamental y que están preparadas para el efecto multiplicador masivo para la inversión a largo plazo. Sin embargo, recuerde que es aconsejable hacer su propia investigación.

La información contenida en este libro hace referencia a una opinión y tiene únicamente fines informativos. La comprensión del mercado, la asignación adecuada de activos, la experiencia y el conocimiento son requisitos previos para invertir correctamente.

Ethereum (ETH)

Vechain (VET)

Cardano (ADA)

Polygon (MATIC)

Hedera (HBAR)

Chainlink (LINK)

BNB (BNB)

Polkadot (DOT)

Ripple (XRP)

Solana (SOL)

Tezos (XTZ)

En cualquier mercado, especialmente en el de activos digitales, es esencial comprender los riesgos y la dinámica de sus inversiones. También es importante entender estos riesgos a un nivel en el que pueda proteger sus activos. Si no conoce esta información o no está seguro de cómo proteger su inversión, busque asesoramiento profesional en materia de inversiones.

Para asegurar su éxito y supervivencia a largo plazo en los mercados financieros, por favor, no se sobreexponga y recuerde ser consciente de su tolerancia al riesgo.

Dollar Cost Average

Dado que el HODLing consiste en jugar a largo plazo y no en hacerse rico de la noche a la mañana, su estrategia consiste en promediar el coste de inversión en el proyecto que ha elegido para invertir.

Dollar Cost Average en inglés o su traducción como "Promedio del Costo en Dólares", lo define la revista Forbes como "una estrategia para gestionar el riesgo de los precios al comprar acciones, fondos cotizados (ETF) o fondos de inversión. En lugar de invertir en un valor concreto de una sola vez, con un único precio de compra, con el promediado del coste en dólares usted divide la cantidad de dinero que desea invertir y compra pequeñas cantidades a lo largo del tiempo en intervalos regulares. Esto disminuye el riesgo de que pueda pagar demasiado antes de que los precios del mercado bajen".

La estrategia consiste en comprar su criptomoneda para hacer HODL a intervalos en pequeñas cantidades y no cronometrar su entrada en el mercado. Cuando el mercado haya caído, compre un poco más; cuando haya caídas significativas, compre aun más. Pero recuerde siempre que se trata de dinero que puede permitirse perder o de dinero que no necesita por ningún motivo inmediatamente.

El mercado de las criptomonedas es muy volátil. Si quiere cosechar las recompensas del HODLing, debe mantener el rumbo durante la volatilidad del mercado y no hacer nada mientras ve cómo el valor de mercado de su token sube o baja bruscamente. Pero mantenerse firme en la estrategia de inversión se basa en una sólida investigación, como se ha comentado anteriormente. Dado que el mercado de criptomonedas no está conectado a la volatilidad del mercado mundial fundamental, es difícil de cronometrar y predecir. En resumen, tenga una estrategia de inversión para cada token que compre y aténgase a ella a menos que las condiciones del mercado u otros factores justifiquen que cambie sus planes al respecto. Recuerde que su éxito se basa en sus decisiones sobre cuándo comprar y vender.

Por lo tanto, el éxito solo depende de usted.

Reinvierta sus Ganancias

Reinvertir es un gran reto para un inversor porque significa que se ha beneficiado con éxito del mercado. Sin embargo, también significa que debe decidir cuándo ha obtenido suficientes beneficios y cuándo quiere esperar a obtener más ganancias.

Una vez que haya decidido retirar una parte de los beneficios de su inversión, deberá reinvertirla inmediatamente. Sin embargo, antes de reinvertirlo, debería haber investigado a fondo sus opciones y tomar la mejor decisión teniendo en cuenta sus objetivos, sus finanzas y sus limitaciones de tiempo.

Algunas inversiones que puede considerar a la hora de reinvertir sus ganancias son:

- Invertir en nuevos tokens de criptomonedas
- Comprar y alquilar una propiedad
- Pagar sus deudas actuales (por ejemplo, tarjeta de crédito, hipoteca, préstamos escolares)

Diversifique su Portafolio de Inversión

Cuando reinvierta sus beneficios, su objetivo debe ser maximizar sus ganancias, minimizar sus pérdidas y reducir su riesgo global. Para protegerse de las caídas del mercado, intente invertir en activos que se vean afectados por diferentes condiciones de mercado. Además, se beneficiará de la diversificación de sus inversiones en otras clases de activos distintos de los mercados de valores y de criptomonedas.

Que no Hacer al Invertir en Criptomonedas

La mayoría de los inversores fracasan porque no mantienen una disposición tranquila y neutral al gestionar sus inversiones. A pesar de sus intenciones de atenerse a su estrategia de inversión, tienden a ser víctimas del FUD en ingles Fear, Uncertainty, Doubt, "miedo, incertidumbre, duda" y del famoso FOMO en inglés *Fear Of Missing Out*, que se puede traducir como, miedo a perderse de algo. Examinemos el FUD y el FOMO para saber si usted está siendo presa de ellos.

FUD

La mayoría de los inversores en cripto son emocionales. Sus emociones tienden a dictar cómo responden a los cambios en el mercado. Curiosamente, el FUD puede afectar a individuos, grupos de inversores y comunidades, e incluso puede ser un sentimiento que caracterice al mercado.

Miedo - El miedo surge de la preocupación por la idea de que usted sufrirá financieramente o no podrá maximizar su posición financiera como otros inversores si no hace lo que ellos están haciendo en el mercado. También es un sentimiento causado por la falta de confianza en su estrategia, intuición o proceso de inversión.

Incertidumbre - La incertidumbre es un sentimiento que es difícil de contener y compartimentar en la inversión porque los mercados de criptomonedas son volátiles, impredecibles, no están conectados con las demandas del mundo real y son altamente especulativos. Nadie puede estar seguro de nada en el mundo de las criptomonedas. Además, el valor de los tokens de criptomonedas puede aumentar un 1.000% en menos de un mes y caer más de un 5.000% semanas después. El hecho de no saber si el precio de un token volverá a subir, cuándo lo hará y cuánto tiempo se mantendrá fuerte, provoca una incertidumbre paralizante que frustra algunos de los mejores planes y estrategias de inversión aplicados por los inversores más concienzudos y comprometidos.

Duda - La duda es el sentimiento insidioso que aflige a algunos a pesar de sus mejores esfuerzos por invertir de forma racional y calculada. Los inversores pueden obsesionarse sobre si han hecho lo suficiente para salvaguardar sus inversiones, minimizar las pérdidas y maximizar las ganancias. Además, este sentimiento es difícil de desarraigar o contener cuando la volatilidad e imprevisibilidad del mercado de las criptomonedas hace que sus planes y estrategias de inversión bien pensados carezcan de sentido. Desgraciadamente, los inversores potencialmente grandes sucumben a las dudas porque quieren evitar las pérdidas de mercado sufridas en el pasado y tomar esa decisión de inversión de última hora que les salve de ser diezmados financieramente como algunos de sus compañeros de inversión en cripto.

Para tratar de no caer en el FUD, establezca objetivos y metas de inversión claros y alcanzables, mantenga una cartera diversificada, reconozca cuándo el FUD le supera y desarrolle mecanismos para afrontarlo y manténgase al día sobre el mercado y los cripto activos que tiene en su cartera de inversiones. Su conocimiento de los mercados de criptomonedas y su experiencia en operaciones de mercado le ayudarán a mantener alejado el FUD y evitarán que sea víctima de él.

FOMO

El FOMO o "miedo a perderse algo", impulsa gran parte de las inversiones en cripto. La mayoría de los inversores sueñan con convertir unos cientos de miles de dólares en millones comprando el cripto token correcto. Se trata de una poderosa fuerza motriz que crea algunas bajas en el sector de las criptomonedas y, potencialmente, mucho caos económico a medida que más novatos se convierten en inversores.

El FOMO es esencialmente una mentalidad de rebaño que priva a los inversores de la mentalidad adecuada para tomar decisiones de inversión acertadas. El FOMO está empujando a los inversores legos a invertir en criptografía sin entender la tecnología de las criptomonedas y de la cadena de bloques. En estos tiempos de inestabilidad económica y de recesión económica mundial, la gente busca fuentes de ingresos alternativas para mantenerse, financiar su jubilación y dejar algo a sus descendientes.

El FOMO disminuye las inhibiciones de los inversores a la hora de tomar decisiones de inversión arriesgadas. Pero, por desgracia, en respuesta al FOMO, es más probable que tomen decisiones impulsivas, que asuman riesgos más importantes de los que pueden permitirse y que adopten una conducta poco razonada. Así pues, aunque los entusiastas de las criptomonedas están encantados de que cada vez más personas compren criptomonedas, existe una enorme preocupación de que los nuevos inversores arriesguen demasiado sus ahorros. Los inversores nuevos e inexpertos no pueden alejarse de sus pérdidas en cripto sin lamentarse en extremo y están participando irresponsablemente en el mercado de las criptomonedas.

Para vencer el FOMO, debe aceptar que no puede subirse a todas las olas del mercado de criptomonedas. Acepte que debe tomar decisiones bien razonadas y cuidadosamente investigadas, teniendo en cuenta sus objetivos y metas de inversión.

Es Momento de Actuar

La calidad de la información y la reputación de la fuente de información provienen de su percepción. Cuando los consejos son gratuitos, la gente suele desestimarlos y no actúa en consecuencia. Sin embargo, cuando deben sacrificar tiempo, dinero y energía para obtenerlo, se vuelve más valioso y es más probable que la gente actúe en consecuencia y le asigne un mayor valor.

En este momento, usted ha comprometido tiempo, dinero y dedicación para aprender sobre la inversión en el mundo de las criptomonedas y cómo crear una riqueza para sus futuras generaciones. Sin embargo, para completar su sueño y para lograr su objetivo, con la información brindada en este libro es momento de actuar y empezar a invertir.

Usted puede considerarse privilegiado de estar interesado en esta tecnología y de estar interesado en aprender sobre ella, han pasado varios años desde que las personas empezaron a escuchar sobre Bitcoin y las criptomonedas, pero pocas saben realmente de que se trata, no saben cómo enriquecerse con ella y aún no la utilizan.

Estamos en una etapa temprana de adopción, imagínese estar en el año 1997 y estar hablando sobre internet, o en el 2002 y pensar si el correo electrónico realmente será algún día útil.

Va a ver como en los próximos meses, marcas grandes como Instagram, Meta, Google, Microsoft, Apple, PayPal, Moneygram, JP Morgan, por mencionar unos pocos, van a empezar a incorporar las criptomonedas en el uso diario, ya sea para enviar dinero, comprar productos o pagar simplemente servicios.

Sin ir muy lejos, podremos ver como Elon Musk y su reciente adquisición de Twitter, llevara el uso de las criptomonedas a un nivel no pensado hace pocos años, y será un pionero, como lo ha sido en muchos de los proyectos en los que suele invertir. Actualmente esta en discusión si utilizara Dogecoin, XRP o un proyecto propio como método para realizar transacciones dentro de la plataforma.

Por último, cada vez son más las empresas que brindan servicio de tarjetas de débito de cripto, no están disponibles en todo el mundo, pero el numero está cambiando rápidamente y esta es una forma de eventualmente hacer uso de sus ganancias de cripto, de una forma tradicional, así como paga sus servicios de manera habitual. Siempre lea los términos y condiciones y sobre todo los costos y comisiones de estos nuevos servicios, al ser innovadores y con poca competencia, algunos pueden tener precios bastante elevados.

PARTE 9: EL PROXIMO *BULL RUN* DE CRIPTO

Aproximadamente a mediados de abril de 2024 se llevará a cabo el próximo Bitcoin *halving* y que que potencialmente generara el próximo Bull Run, la temporada alcista tanto de Bitcoin y Altcoins como anteriormente se ha visto.

Considerando que se tiene una idea clara de cómo funciona el mundo de cripto y que la intención es generar beneficios significativos a mediano plazo, quiero compartir una guía práctica, por pasos, para que puedan analizar y crear un portfolio como mucho potencial. Esta quizás sea la última oportunidad de multiplicar las inversiones por 100 y en algunos casos por 1000 antes de que el uso se masivo, más regulado y por lo tanto con ganancias más moderadas.

Cómo crear un portafolio criptográfico sólido

En este capítulo intentaré darle una visión más amplia de los tipos de tokens y monedas que hay en el mercado criptográfico, cómo puede clasificarlos para que le resulte más fácil elegir y, por último, cómo diversificar su cartera. Para alguien nuevo en el mundo de las criptomonedas, intentará mirar las criptomonedas basándose en su precio y ese es uno de los mayores errores de la gente cuando empieza. La única referencia en términos monetarios, debería ser la capitalización de mercado, el valor total de mercado en dólares, que principalmente es la oferta real de tokens o monedas multiplicada por el valor de cada token o moneda.

Muy a menudo oirá hablar del nuevo proyecto y de su capacidad para crecer 100 veces o incluso 1000 veces, y sólo en esta industria, tal crecimiento es posible, sin embargo está muy relacionado con su capitalización de mercado. Cuanto mayor sea su capitalización bursátil, menor será el porcentaje de crecimiento que tendrá, por eso el mayor rendimiento de las inversiones en términos de crecimiento, procederá principalmente de criptomonedas de capitalización media o baja. Ésas son las famosamente llamadas "cripto gemas", y es cierto que es estupendo tener algunas de ellas, sin embargo, para construir una cartera sólida es necesario equilibrarla y distribuirla estratégicamente.

En la siguiente sección le guiaré paso a paso sobre cómo investigar y elegir la mejor cartera.

El primer paso es entender el riesgo y las recompensas, esto requiere en teoría entender todas las criptomonedas del mercado, sin embargo en la práctica sólo requiere entender todas las categorías de criptomonedas. Por lo que podemos definirlas principalmente en tres categorías.

1. Mercado de grandes capitalizaciones que son proyectos con más de 1.000 millones de dólares estadounidenses
2. Mid-caps market más de 100 millones pero menos de1.000 millones de dólares US
3. Mercado de pequeña capitalización inferior a 100 millones de dólares estadounidenses
4. Stablecoins, monedas vinculadas a una moneda fiduciaria o a una materia prima.

Como he mencionado antes, la forma de calcular la capitalización del mercado es multiplicando las monedas en circulación por el precio de ese token y esa información se puede encontrar en línea en varios sitios web como Coingecko o Coinmarketcap.

Las large caps significan menos riesgo, sin embargo también conllevan pocas recompensas, llevan tiempo en el mercado, están consolidadas, son bien conocidas y tienen de alguna manera un margen de crecimiento más limitado.

Los small caps son principalmente los tokens o proyectos recién lanzados, son de alto riesgo, pero ofrecen altas recompensas normalmente al ser nuevos no se configuran como proyectos reputados. Y aquí es donde se buscan esas "gemas ocultas".

Las Mid-caps son reconocidas pero tienen espacio para crecer, son un equilibrio ideal entre riesgo y crecimiento.

Las stablecoins son proyectos vinculados principalmente a divisas fiduciarias como el USD o el EUR, aunque algunas stablecoins están vinculadas a materias primas como el oro o la plata. Están centralizadas en su mayoría y son el elemento clave para convertir sus inversiones de monedas en una moneda estable y no volátil. Considérela como un fuerte ancla de la volatilidad.

El segundo paso consiste en elegir unas cuantas monedas de cada categoría. En general, no es recomendable tener más de 12 criptomonedas diferentes en su cartera ya que es difícil mantenerse al día de todos los proyectos y noticias, y al final el objetivo es convertir esas monedas en beneficios y operar con más de 12 transacciones en un mercado volátil puede ser muy difícil.

Mi sugerencia es que no tenga más de 2 ó 3 monedas o tokens por categoría, si es joven y puede arriesgar más dinero las mid-caps y small caps son una buena opción, si tiene más responsabilidades las large caps son una mejor apuesta, piense en las 20 mejores monedas por capitalización bursátil.

Una vez que haya comprendido las categorías, lo que tiene que hacer es centrarse en un nicho específico, en la narrativa, la tendencia en curso o una solución concreta que el proyecto intente resolver.

Como referencia, Bitcoin se considera la única criptomoneda de reserva de valor, es una gran tecnología, pero hasta ahora sólo se está utilizando como reserva de valor, una vez que otros proyectos que trabajan en el ecosistema de Bitcoin se desarrollen y desplieguen, las cosas cambiarán.

El resto de Altcoins de gran capitalización están en la red Ethereum ETH o compiten con ETH, por ejemplo Cardano ADA o Solana SOL.

En general, podemos considerar que además de Bitcoin todas las demás son criptomonedas de contratos inteligentes.

Las criptomonedas de mediana capitalización son principalmente criptomonedas de utilidad como DEFI o DEX, siempre es importante pensar en los casos de uso, qué problema intenta resolver y por último debe prestar mucha atención a los tokenomics, normalmente se explican en el whitepaper, tenga en cuenta que la mayoría de las criptomonedas de mediana capitalización son token y no monedas.

Las monedas son divisas nativas de la cripto blockchain que se utilizan para pagar las tasas de transacción, también llamadas capa-1 (Layer 1), tienen su propia red y estas tasas crearán una demanda orgánica.

Los tokens por otro lado no son monedas nativas, no tienen un impulso de demanda orgánica y dan gobernanza, votos, pero no cubren las tasas de transacción y este es uno de los grandes problemas para los protocolos DEFI.

Sin embargo, si la estrategia económica del token cambia, entonces tiene un enorme potencial, tal es el caso de AAVE o MakerDAO creando su propia criptomoneda, en su propia red, sin embargo todas ellas dependerán finalmente de las regulaciones para tener éxito o fracasar.

Muchos de estos tokens podrían clasificarse como valores, acciones no registradas en turbios países de empresas offshore. Es mejor quedarse con monedas con casos de uso específicos, por ejemplo Cosmos o Injective.

Injective por ejemplo viven en su propia blockchain, tienen sus propias monedas para pagar las tasas y para la gobernanza. Estos proyectos cuentan con una gran infraestructura criptográfica.

Las criptomonedas de pequeña capitalización son principalmente proyectos especulativos ya que aún no tienen impulsores de demanda. Son en su mayoría los que buscan perturbar los proyectos de gran capitalización, y debido a su naturaleza especulativa, son altamente riesgosos, por lo que todas sus inversiones podrían irse a cero, sin embargo a mayor riesgo, mayor recompensa, y esas historias que convirtieron unos cientos de dólares en miles o incluso millones, vinieron de estos proyectos, de inversionistas tempranos que sin ningún fundamento o estadística, decidieron arriesgarse en un proyecto y eventualmente evolucionó por el camino correcto y tuvo éxito.

Como regla general puede considerar que

- Para las grandes capitalizaciones céntrese en el nicho
- Para las Mid-caps centrarse en los casos de uso
- Para las pequeñas capitalizaciones centrarse en la narrativa

Stablecoins

La asignación de stablecoins es la 4ª categoría, debe tener en cuenta que no todas las stablecoins son iguales, algunas están respaldadas por fiat otras por materias primas, y aún está por llegar la normativa que las regule, pero puede utilizarlas para prestar dinero y ganar interés en plataformas como Coinbase o Nexo. Usted podría proporcionar liquidez en los intercambios descentralizados DEXs y estos pueden ser lucrativos si usted puede prestar grandes cantidades de dinero con algunas de las plataformas que pagan hasta un 10 o 20%.

Todas tienen sus ventajas y desventajas, por mencionar algunos ejemplos de las stablecoins más conocidas:

USDP es la más regulada pero aún no cuenta con mucho apoyo o transacciones significativas.

USDC es la más utilizada en DEFI pero no está soportada por muchos exchanges.

USDT es la más usada, utilizada en muchas plataformas de intercambio decentes, sin embargo genera ciertas dudas por la falta de transparencia y como está registrada en las Islas Vírgenes como cuenta offshore está siendo investigada

PYUSD es una nueva stablecoin de paypal apoyada por PAxos y probablemente se convierta en la más común y facil de usar, pero como he mencionado antes, estamos en las primeras etapas de todo un sistema económico que aún está en desarrollo.

Hay algunos elementos que siempre hay que tener en cuenta dentro de este nuevo mercado, mencionaré algunos consejos que he ido adquiriendo a lo largo de los años y que realmente me hubiera gustado conocer antes, pero simplemente no había información, la experiencia que adquirimos al principio fue una especie de ensayo y error.

Así que para ir directamente al punto, uno es la seguridad, como lo he mencionado antes, es muy importante tener en cuenta que usted necesita para mantener su cripto seguro en sus propias carteras. Idealmente en una cartera fría para máxima seguridad como Trezor o Ledger por mencionar algunos ejemplos. Como se dice en el mundo criptográfico, ni sus claves, ni sus monedas. Sin embargo cubriré en este libro un capítulo sobre monederos y cómo almacenar su cripto.

Muchas personas han mencionado que tienen miedo de invertir en cripto porque les asustan los precios de las cripto, por ejemplo el Bitcoin, pero debe entender que puede comenzar a invertir con pequeñas cantidades de dinero, fracciones de una moneda y si lo invierte estratégicamente, definitivamente puede obtener grandes ganancias.

Otro elemento son las bolsas, debe tener en cuenta, las comisiones, ya que son el mayor enemigo de su inversión, por eso es importante elegir la mejor bolsa que se adapte a sus necesidades. Compruebe si la moneda que desea, después de hacer su investigación está respaldada. Es bueno tener unas cuantas cuentas en diferentes exchanges para comparar y acceder a ciertas monedas que no están disponibles en el otro.

Invierta en monedas más establecidas

Como siempre lo oirá de cualquier persona que hable de cripto, es muy importante que haga su propia investigación para entender cómo funciona el proyecto de su interes, debe ser fácil de entender, necesita saber cómo se ha establecido la asignación de tokens, qué porcentaje se distribuye entre los fundadores y los inversores, casos de uso, qué problema intentan resolver, etc.

Busque competidores del mismo nicho y elija los de menor capitalización bursátil para tener mayores oportunidades. Estamos comenzando un momento histórico de nuestra vida, y se espera que la próxima carrera alcista, sea una de las más largas y rentables de la historia, no sólo las instituciones están comenzando a participar con un mercado más regulado, por ejemplo considere la aprobación por parte de la SEC del ETF de Bitcoin a principios de enero, pero no olvide que el mayor catalizador de los precios de Bitcoin ha sido la reducción a la mitad de la recompensa de Bitcoin en el proceso de minado, es lo que se denomina el famoso *HALVING*, esto reduce la oferta, cortar a la mitad las recompensas, esto crea más demanda y por lo tanto los precios suben. Y cuando Bitcoin sube, todas las demás monedas también aumentan su precio..

Si el próximo mercado alcista es como el anterior algunas monedas acuñarán hasta 100 o incluso 1000 veces más alto, sin embargo todavía estamos en una zona gris, y las monedas todavía pueden caer, pero la carrera alcista debería comenzar después del halving, que se espera que ocurra en algún momento a finales de abril.

La idea es comprar las monedas que considere interesantes, enviarlas a su cartera y esperar a que bitcoin llegue a su punto máximo, el cual podría ser el último cuatrimestre del 2025. Será entonces el momento de vender y convertir todas sus monedas en Stablecoin, las cuales le permitirán proteger el valor de su inversión. Es importante que necesita obtener beneficios, es la única forma de crear riqueza. No debe enamorarse ni aferrarse a una moneda o proyecto, el objetivo es utilizar cada mercado alcista o bajista y crear ganancias, cabe mencionar que este mercado alcista, quizás sea el mas grande que vaya a existir en el mundo cripto, ya que como mencione, es un sistema financiero recién en adopción, para cuando ocurra el próximo halving, las criptomonedas serán algo de uso común y el espacio de crecimiento será mas limitado.

Existen principalmente dos formas de ganar dinero y son Hodling y el trading. El trading requiere formación y es difícil si lo hace por su cuenta, sin embargo cada vez hay más empresas que ofrecen servicios de trading que utilizan IA y tienen una reputada experiencia de servicio, podría ser interesante utilizarlos, pero tenga cuidado.

El trading es muy volátil y los precios son manipulados por los traders, especialmente los grandes traders también llamados "ballenas" puede subir y bajar muy rápidamente y si no está preparado sus posiciones pueden ser liquidadas y lo perderá todo.

Las cripto ballenas son personas institucionales y adineradas que comercian con cripto independientemente de la situación.

Todavía estamos en el mercado bajista y entrando en el alcista, por eso es bueno empezar a investigar e invertir en las monedas que le gusten.

Si decide hacer algo de trading, es importante comprobar lo que hace el Bitcoin, que lidera el mercado y también es importante comprobar el gráfico en marcos a largo plazo como semanales o mensuales, Tradingview es uno de los mejores gráficos online gratuitos que puede utilizar para su trading.

La banda de Bollinger ayuda mucho a determinar si hay ballenas alrededor y establece cuando esta sobrevendido o sobrecomprado, puede buscar en internet o en algunos videos que de manera muy básica le explicaran como empezar a hacer algo de trading por su cuenta, como siempre, solo arriesgue lo que sea capaz de perder.

Conclusión

Desde el primer capítulo espero que ya sido una lectura entretenida de aprendizaje, ya sea que usted era un completo novato, o bien que ya teniendo ciertos conocimientos haya podido cimentarlos con una base más sólida.

Para ayudar a construir sus conocimientos fundamentales sobre cripto, viajamos en el tiempo para ver cómo las sociedades y las naciones han utilizado tradicionalmente los objetos como depósito de riqueza. Y a medida que avanzamos hacia tiempos más modernos, la solución se vuelve ampliamente digital. Entender cómo los países mantienen el valor de la riqueza a través de la moneda a lo largo del tiempo y todos los diferentes desafíos que estas monedas sufrieron es el primer paso para obtener una perspectiva y una visión que le ayude a evaluar y encontrar una blockchain y una criptomoneda ganadora en las que pueda invertir con confianza. Por ejemplo, vemos el impacto negativo de la alta inflación en nuestro actual sistema fiat, el cual, si bien depende en muchos casos de las políticas financieras de cada país, es una cuestión global.

Ahora podemos buscar criptomonedas con un número finito de monedas acuñadas, por lo que el valor de la moneda puede ser cada vez mayor debido a la oferta y la demanda. También podemos ver que no solo el hecho de tener un número limitado de monedas acuñadas es un factor esencial, sino que ahora también podemos analizar cómo se distribuyen las monedas y qué cantidad de ellas se queman para determinar la viabilidad de un proyecto de cripto. Además, podemos ver la gran importancia de tener velocidades de transacción más rápidas y la robustez de la cadena de bloques para soportar todos los retos a los que se enfrenta un sistema monetario.

Sabemos entonces lo revolucionarias que son las cadenas de bloques por sus algoritmos descentralizados, criptografía, los consensos y sus características de inmutabilidad. Todas estas características críticas contribuyen a que las criptomonedas sean extremadamente seguras. Además, podemos ver cómo la cadena de bloques crea confianza sin la necesidad de un tercero al tener un libro de contabilidad público y permitir las transacciones entre pares. Todas estas características únicas de esta revolucionaria tecnología son insuperables y están ayudando a remodelar el mundo que conocemos de forma positiva. Hemos aprendido a asegurar y almacenar de forma segura nuestras monedas recién compradas en carteras no custodiadas, la cual es una de las claves para crear un patrimonio multigeneracional y un pilar fundamental en la diversificación y seguridad de los activos. Por último, aprendimos sobre las características únicas de las diferentes wallets de criptomonedas. Cada tipo de wallet ofrece una flexibilidad y seguridad adicionales que se adaptan a sus necesidades y gustos.

Todos estos conocimientos fundamentales son críticos cuando se embarca en su aventura como inversor en el mundo de cripto. No querrá perderse estas formas de proteger sus activos digitales, o será una experiencia muy costosa y dolorosa.

Ha visto las diferentes maneras de evaluar proyectos de cripto mediante el análisis fundamental y técnico. En cuanto al análisis técnico, si dedica tiempo y práctica la lectura de los gráficos de velas en busca de indicadores alcistas o bajistas, le ayudará a desarrollar sus habilidades de trading y le dará nuevas perspectivas para hacer de las inversiones una forma de alcanzar sus objetivos y sueños financieros. La adopción masiva no se ha producido y sus sustanciales efectos multiplicadores aún están ampliamente disponibles. En resumen, la revolución de la cadena de bloques y la disponibilidad de estos multiplicadores de inversión han creado una oportunidad única para que una persona común, pueda crear una enorme riqueza económica en los próximos 5 años.

Con esta información en mano, lo único que le queda hacer es pasar a la acción, cree una cuenta en la plataforma que más le guste, abra una cuenta en una wallet no custodiada y empiece a invertir, la mayor ventaja de este mundo es que no necesita empezar con miles de dólares, diversificando en varios proyectos elegidos una vez hecho su propio análisis, decídase comprar tomando las precauciones necesarias, lo que se viene en un futuro no muy lejano es un crecimiento exponencial no visto en nuestra época.

También seguir informándose, leyendo, estudiando y construyendo sus habilidades y conocimientos de inversión. Como dije al principio, la practica hace al maestro, y cuanto más practique, más preparado estará. Tendrá una enorme capacidad para hacer que una tecnología revolucionaria de nuestro tiempo esté al servicio de sus propósitos, objetivos y sueños financieros.

Y tenga en cuenta que el mayor error que mucha gente ha cometido en el pasado, es aferrarse a un proyecto y no vender, es importante entender que el objetivo principal es generar dinero, por lo tanto cuando vea que el precio de Bitcoin empieza a bajar, después del crecimiento exponencial post halving, todas las altcoins comienzan a hacerlo y es necesario vender. Es extremadamente difícil saber cuándo será el punto mas alto, pero una estrategia de salida es definir cuanto es el retorno que le satisface, y una vez logrado un nivel de crecimiento, decida vender, ya sea la totalidad de las monedas o bien parcialmente, para intentar incrementar la cantidad de ganancia. Planfique su estrategia de salida y lograra tener mucho éxito en este próximo *Bull Run*.

Por último, sinceramente espero que les haya gustado la lectura de este libro, y al ser este un proyecto nuevo, les agradeceré enormemente que dejen una calificación en Amazon ya que me ayudaran mucho a llegar a más personas, y si por alguna razón existe alguna recomendación o crítica constructiva que puedan compartir, les agradeceré enviarla a hfschaus@gmail.com

Glosario

A

Acción

Una acción en el mercado financiero representa el valor de una de las fracciones iguales en que se divide el capital social de una sociedad.

Activo

Recurso con valor que alguien posee con la intención de generar un beneficio futuro. En contabilidad, representa todos los bienes y derechos de una empresa, adquiridos en el pasado y con los que esperan obtener beneficios futuros.

Airdrop

Estrategia de marketing que implica enviar monedas o tokens de forma gratuita para promover el conocimiento de una nueva moneda virtual. Pequeñas cantidades de la nueva moneda virtual se envían a las billeteras de los miembros activos de la comunidad blockchain de forma gratuita o a cambio de un pequeño servicio, como retuitear una publicación enviada por la empresa que emite la moneda.

Altcoin

Se da el nombre de Altcoins a todas las criptomonedas distintas a Bitcoin. Un ejemplo de altcoin es Ethereum, Cardano o Solana.

Apalancamiento

Es una estrategia utilizada para multiplicar las ganancias y pérdidas de una operación. Hace posible operar con más volumen del que se posee.

API

Por su acrónimo en inglés, 'Interfaz de desarrollo de aplicaciones'. Es un tipo de software ampliamente usado por desarrolladores y sitios web.

Aplicación Descentralizada

También conocidas por su acrónimo dApp, son aplicaciones informáticas que cumplen una serie de requisitos, destacando uno de los más importantes la imposibilidad de ser controlada por ninguna entidad.

B

Ballena

Término utilizado para referirse a grandes inversores con alto poder adquisitivo.

Bear (Oso)

Los osos son aquellos que visualizan y apuestan por un mercado bajista.

Beta

Fase final de desarrollo de software posterior a la fase Alpha y previo al lanzamiento oficial.

Bifurcación

En desarrollo de software, una bifurcación (fork, en inglés) es la creación de un proyecto en una dirección distinta del proyecto principal.

Binance

Uno de las plataformas de intercambio o *exchange* de criptomonedas más populares del mundo. Disponible en más de 25 países y con gran cantidad de criptomonedas disponibles.

Blockchain

Blockchain es un libro electrónico compartido e inalterable que facilita el proceso de registrar transacciones y rastrear activos dentro de una red empresarial. Prácticamente cualquier cosa de valor puede ser rastreada y comercializada en una red blockchain.

Bloque

En la tecnología blockchain, un bloque es un concepto pensado para optimizar el proceso de validación de las transacciones que se realizan en la red.

Bloque Génesis

Se llama bloque génesis al primer bloque que se ha minado en cada blockchain.

Bot

Programa informático diseñado para realizar acciones repetitivas o simplemente acometer tareas de forma automática. En términos de criptomonedas son populares los bots de trading.

Bull (Toro)

Aquellos traders que hacen sus inversiones cuando los precios en el mercado tienden al alza, a subir.

C

Capital

Por lo general se refiere al dinero o los bienes que posee una persona.

Centralizado

Que está controlado por un poder central, en términos de criptomonedas, suele referirse a gobiernos o bancos.

Clave Privada / Clave Secreta

Un fragmento de código generado en un proceso de cifrado de clave asimétrica, emparejado con una clave pública, que se utilizará en el descifrado de información hash con la clave pública.

Cold Wallet o Billetera en Frío

Dispositivo de almacenamiento destinado a guardar criptomonedas de forma física.

Confirmación

En criptomonedas, una confirmación es una medida de cuántos bloques han pasado realmente desde que se agregó una transacción a una cadena de bloques.

Consenso

El consenso se logra cuando todos los participantes de la red están de acuerdo en el orden y contenido de los bloques en la cadena de bloques.

Contrato

En las finanzas tradicionales, un contrato es un acuerdo vinculante entre dos partes. En las criptomonedas, los contratos inteligentes ejecutan funciones en la cadena de bloques.

Criptoactivo

Un criptoactivo es cualquier activo digital que utiliza tecnologías criptográficas para mantener su funcionamiento como moneda o aplicación descentralizada.

Criptografía

Técnicas que permiten alterar y modificar mensajes o archivos con el objetivo de que no puedan ser leídos por todos aquellos usuarios que no estén autorizados a hacerlo.

Criptojuego

Videojuegos basados en tecnología blockchain donde se puede obtener criptomonedas como recompensa.

Criptomoneda / Cripto

Medio digital de intercambio que utiliza la criptografía y avanzadas técnicas informáticas para garantizar su transparencia y seguridad.

Custodia

La custodia es la capacidad legal de una institución financiera para mantener y preservar los activos financieros de sus clientes para evitar el robo o la pérdida de activos.

D

DeFi

Un movimiento que fomenta alternativas a las formas tradicionales y centralizadas de servicios financieros.

Derivado

Un instrumento financiero que deriva su valor del valor de un activo subyacente.

Descentralizado

La descentralización se refiere a la propiedad de un sistema en el que los nodos o actores trabajan en concierto de manera distribuida para lograr un objetivo común.

DEX

Hace referencia a los exchanges descentralizados. Son plataformas de intercambio de criptomonedas sin una entidad que tenga el control sobre ellas.

Dip / Caída

Momento en que los mercados experimentan una bajada corta o prolongada.

Dump

Una venta repentina de activos digitales.

E

ENS - Ethereum Name Service

Ethereum Name Service (ENS) es un sistema de nombres distribuido, abierto y extensible basado en la cadena de bloques Ethereum.

Esquema Ponzi

El esquema Ponzi es una operación fraudulenta de inversión que implica el pago de intereses a los inversores de su propio dinero invertido o del dinero de otros.

Ether

La forma de pago utilizada en el funcionamiento de la plataforma de aplicaciones de distribución, Ethereum.

Exchange / Casa de Intercambio

Generalmente sitios web donde puedes adquirir criptomonedas y comerciar con ellas pagando unas tarifas dependientes del exchange.

F

Fiat

La moneda fiduciaria es de "curso legal" respaldada por un gobierno central, como la Reserva Federal, y con su propio sistema bancario, como la banca de reserva fraccionaria. Puede tomar la forma de efectivo físico o puede representarse electrónicamente, como con crédito bancario.

FOMO

Ansiedad de que un evento emocionante o interesante pueda estar sucediendo en otro lugar, a menudo provocado por publicaciones vistas en las redes sociales.

Fork

Una bifurcación ocurre cada vez que una comunidad realiza un cambio en el protocolo de la cadena de bloques o en el conjunto básico de sus reglas.

G

Gas

Un término utilizado en la plataforma Ethereum que se refiere a una unidad para medir el esfuerzo computacional de realizar transacciones o contratos inteligentes, o lanzar DApps en la red Ethereum. Es el "combustible" de la red Ethereum. * consulte Límite de gas y precio de gas.

GPU

GPU es el acrónimo de Graphics Processing Unit y representa precisamente el corazón de una tarjeta gráfica al igual que la CPU lo hace en un PC.

H

Halving

Un evento en el que el total de recompensas por bloque confirmado se reduce a la mitad.

Hash

Un hash es el resultado de un algoritmo hash, que crea una cadena única de longitud fija para cifrar y asegurar una determinada selección de datos arbitrarios.

HODL

Un tipo de estrategia de inversión pasiva en la que mantiene una inversión durante un largo período de tiempo, independientemente de cualquier cambio en el precio o los mercados. El término se hizo famoso por primera vez debido a un error tipográfico realizado en un foro de Bitcoin, y el término ahora se expande comúnmente para significar "Hold On for Dear Life".

I

IFPS

IFPS (Interactive Financial Planning System) fue un lenguaje de modelado financiero creado por el profesor Gerald R. Wagner y sus estudiantes de la Universidad de Texas en Austin a fines de la década de 1970.

Inflación

Un aumento generalizado de los precios y una caída del valor adquisitivo del dinero.

Initial Coin Offering (ICO)

Abreviatura de Oferta Inicial de Monedas, una ICO es un tipo de crowdfunding, o crowdsale, que utiliza criptomonedas como un medio para recaudar capital para empresas en etapa inicial.

Inmutable

Una propiedad que define la imposibilidad de ser modificada, especialmente con el paso del tiempo.

K

KYC

Abreviatura de "Conozca a su cliente", estos son controles que los intercambios de cifrado y las plataformas comerciales deben completar para verificar la identidad de sus clientes.

L

Liquidez

Con qué facilidad se puede comprar y vender una criptomoneda sin afectar el precio general del mercado.

M

Mainnet

Una cadena de bloques independiente que ejecuta su propia red con su propia tecnología y protocolo.

Meme Coin

Las monedas meme son criptomonedas basadas en alguno de los populares memes que circulan por internet, aparentemente sin ninguna utilidad.

Metamask

Una billetera digital en línea que permite a los usuarios administrar, transferir y recibir Ethereum, operando como una extensión de un navegador normal.

Metaverso

Mundos paralelos basados en videojuegos y realidad virtual, en épocas tempranas, aunque se dice que podrían marcar un antes y un después en el sector.

Minería

Un proceso en el que se agregan bloques a una cadena de bloques, verificando las transacciones. También es el proceso mediante el cual se crean nuevos bitcoins o algunas altcoins.

MITM

Un ataque de hombre en el medio (MITM) es un término general para un ciberataque en el que un perpetrador se posiciona en una conversación entre dos partes o para escuchar en secreto.

Mistery Box - Caja misteriosa

Una caja misteriosa es una caja sorpresa que a menudo se ofrece en un tema o marca específicos. El contenido de la caja representa un cierto valor. El contenido de la caja será una sorpresa hasta su apertura.

N

NFT (Non Fungible Token)

Los tokens no fungibles son modelos de datos blockchain a los que se les asigna un valor en función de diversos factores.

Nodo

La unidad más básica de infraestructura blockchain que almacena datos.

O

Open Source

El código abierto es una filosofía en la que los participantes creen en el intercambio libre y abierto de información en pos del mayor bien común.

Oráculo

Un agente que encuentra y verifica información, uniendo el mundo real y la cadena de bloques al proporcionar datos a contratos inteligentes para la ejecución de dichos contratos en condiciones específicas.

P

Par

Operación entre una criptomoneda y otra, por ejemplo, el par comercial BTC / ETH.

Pool de Liquidez

Los grupos de liquidez son activos criptográficos que se mantienen para facilitar el comercio de pares comerciales en intercambios descentralizados.

Pool de Minería

Un grupo en el que varios mineros unen sus recursos para aumentar sus posibilidades de encontrar el siguiente bloque.

Proof of Authority / Prueba de Autoridad

Un mecanismo de consenso de blockchain que ofrece transacciones comparativamente rápidas utilizando la identidad como una apuesta.

Proof of Burn / Prueba de Quemado

La prueba de grabación es un intento de crear un sistema que pueda prevenir transacciones fraudulentas en una cadena de bloques y también puede mejorar la eficiencia general y el funcionamiento de la cadena de bloques.

Proof of History / Prueba de Historia

Proof of History es una secuencia de cálculo que puede proporcionar una forma de verificar criptográficamente el paso del tiempo entre dos eventos.

Proof of Stake / Prueba de Participación

Un mecanismo de consenso de blockchain además de la Prueba de trabajo que mantiene la integridad de blockchain.

Proof of Work / Prueba de Trabajo

Un mecanismo de consenso de blockchain que implica la resolución de acertijos computacionalmente intensivos para validar transacciones y crear nuevos bloques.

Q

QR

Código de barras bidimensional cuadrado que puede almacenar datos codificados como sitios web o claves criptográficas.

R

Red

Una red se refiere a todos los nodos en el funcionamiento de una cadena de bloques en un momento dado.

S

Satoshi (SATS)

La unidad más pequeña de bitcoin con un valor de 0.00000001 BTC.

Shitcoin

Una moneda sin valor o uso potencial obvio.

Solidity

Lenguaje de programación utilizado por los contratos inteligentes de Ethereum.

Spot

Un contrato o transacción de compra o venta de una criptomoneda para liquidación inmediata, o pago y entrega, de la criptomoneda en el mercado.

Stablecoin

Una criptomoneda con una volatilidad extremadamente baja, que a veces se utiliza como medio de diversificación de la cartera. Los ejemplos incluyen criptomonedas respaldadas en oro o criptomonedas vinculadas a moneda fiduciaria.

Staking

Participación en un sistema de prueba de participación (PoS) para colocar sus tokens para que sirvan como validador de la cadena de bloques y reciba recompensas.

T

Tarifa de Transacción

En economía y disciplinas relacionadas, un coste de transacción es un coste incurrido para realizar un intercambio económico, más precisamente una transacción en el mercado.

To The Moon - A la Luna

En la jerga de las criptomonedas, esta expresión ha existido durante mucho tiempo; pero ganó una popularidad especial a fines de 2017, cuando comenzó una fiebre real en el mercado de las criptomonedas. El costo de las fichas, que costaban muy poco, literalmente se disparó a la luna.

Tor

Tor es una red descentralizada que anonimiza el tráfico web de los usuarios cifrándolo y dirigiéndolo a través de una serie de retransmisiones antes de que llegue a su destino final.

Token

Una unidad digital diseñada pensando en la utilidad, que proporciona acceso y uso de un sistema criptoeconómico más grande.

Trading

Realizar intercambio con algún tipo de activo.

TVL - Total Value Locked

El valor total bloqueado (TVL), en el contexto de la criptomoneda, representa la suma de todos los activos depositados en protocolos de finanzas descentralizadas (DeFi) que generan recompensas, intereses, nuevas monedas y tokens.

U

Utility Token

Tokens que están diseñados específicamente para ayudar a las personas a usar algo.

V

Validador

Un participante en una cadena de bloques de prueba de participación (PoS), involucrado en la validación de bloques para obtener recompensas.

Vaporware

Un proyecto de criptomonedas que nunca se desarrolla realmente.

W

Web3

Es una idea para una versión de Internet descentralizada y basada en cadenas de bloques públicas. El concepto ganó popularidad en 2020 y 2021 con el interés de las criptomonedas, NFT, y las inversiones por empresas de alto perfil.

Whitepaper

Un documento publicado por un proyecto de criptografía que brinda a los inversores información técnica sobre su concepto y una hoja de ruta sobre cómo planea crecer y tener éxito.

Y

YTD

Significa año hasta la fecha, en inglés 'Year to date'.

Referencias

Guía sobre las criptomonedas.
https://criptobytes.com/categoria/guias-sobre-criptomonedas/

Hoerning, Joshua. Major & Minor Support and Resistance.
April 2021. Illustration. Freedom Trading, April 8, 2021.
https://flickr.com/photos/192693389@N04/51105743469/.

1,000% or More in 2021." The Ascent, December 24, 2021.
https://www.fool.com/the-ascent/cryptocurrency/articles/68-of-the-biggest-cryptosgained-1000-or-more-in-2021/.

Nakaboto, Satoshi. "Satoshi Nakaboto: 'There Are Now
18,000 Bitcoin Millionaires.'" The Next Web, August 20,
2019. https://thenextweb.com/news/satoshi-nakabotothere-are-now-18000-bitcoin-millionaires.

Napoletano, E. "How to Invest with Dollar Cost Averaging."
Forbes Advisor, February 10, 2022.
https://www.forbes.com/advisor/investing/dollar-costaveraging/.

Historia del Dinero.
https://es.wikipedia.org/wiki/Historia_del_dinero

Neosperience Team. "10 Ways the Internet has Changed the
Way We Love (And Do Business)." Neosperience, May 1,
2021. https://www.neosperience.com/blog/10-ways-theinternet-has-changed-the-way-we-live-and-do-business/.

Zaman, Uneesa. "How Cryptomarkets Revolutionised
Financial Freedom." Raconteur, March 22,
2021.https://www.raconteur.net/finance/cryptocurrency/cryptofinancial-freedom/.

Craig, Jeffrey. "What Is Transactions Per Second (TPS): A
Comparative Look at Networks." Phemex, November 2,
2021. https://phemex.com/blogs/what-is-transactions-persecond-tps.

"All You Need to Know about 2^256." Talkcrypto.org, April 8, 2019. http://www.talkcrypto.org/blog/2019/04/08/all-youneed-to-know-about-2256/.

Jančis, Mindaugas. "How to Create a Good and Strong Password." Cybernews, August 4, 2022. https://cybernews.com/best-password-managers/how-tocreate-a-strong-password/.

Wikipedia. 2013. Candlestick Chart Scheme. May 12, 2013. Originally By Probe-Meteo.com. https://commons.wikimedia.org/w/index.php?curid=26048221.

¿Cuál es la diferencia entre una wallet para criptomonedas fría y caliente? https://hipertextual.com/2018/08/wallet-criptomonedas-fria-caliente

Hoerning, Joshua. How to Read Candlesticks. April 2021. Illustration. Financial Freedom Trading, April 9, 2021. https://flickr.com/photos/192693389@N04/51105447007/.

Hassan, Mohamed Mahmoud. Stock Candle Chart. 2022. Illustration. PublicDomainPictures, 2022.

"What is a MACD Indicator? (How to Use it in Crypto Trading)." Bybit Learn, April 3, 2021. https://learn.bybit.com/indicators/explained-macdindicator-how-to-apply-it-in-crypto-trading/.

Klemens, Sam. "How to HODL: A Guide to Saving in Bitcoin (BTC)." Crypto News, Exodus, May 18, 2021. https://www.exodus.com/news/guide-to-saving-in-bitcoin/.

"Ethereum — A Generational Investment." Medium, January 22, 2022. https://medium.com/@halp1120/1-theonly-other-large-assets-that-arguably-have-structuraldemand-are-luna-and-bnb-cdcf8b2a8281.

"What is FOMO and How Does It Affect Crypto?" The Guardian, January 18, 2022. https://guardian.ng/news/what-is-fomo-and-how-does-itaffect-crypto/.

Brooks, Miles. "The Ultimate Crypto Tax Guide (2022)." CoinLedger, 2022. https://coinledger.io/crypto-taxes.

Brooks, Miles. "FIFO, LIFO, and HIFO – What's the Best Method for Crypto?" CoinLedger.

Conoce las Fintechs en Latam que tienen una tarjeta de crypto Visa. https://www.latamfintech.co/articles/conoce-las-fintechs-en-latam-que-tienen-una-tarjeta-de-crypto-visa

"Managing Your Portfolio with CoinGecko: A How-To Guide." Publish0x, October 3, 2020. https://www.publish0x.com/hobbyist-crypto/managingyour-portfolio-with-coingecko-a-how-to-guide-xvrxzwj.

Hussain, Sajjad. "How to Achieve Financial Freedom with Cryptocurrency." Medium, April 24, 2021. https://medium.com/cryptocurrencies-ups-and-down/howto-achieve-financial-freedom-with-cryptocurrency5c2de89aa09.

Prypto. "Financial Freedom Offered by Bitcoin." Dummies.com, August 29, 2016. https://www.dummies.com/article/business-careersmoney/personal-finance/cryptocurrency/financial-freedomoffered-bitcoin-223555/.

"Can Crypto Really Replace Your Bank Account?" Coinbase. https://www.coinbase.com/learn/cryptobasics/can-crypto-really-replace-your-bank.

"Why Cryptocurrency is the Future of Humanity." Medium, August 27, 2021. https://ceek.medium.com/whycryptocurrency-is-the-future-of-humanity-38b8be154ff0.

Scott, Elizabeth. "What Is the Law of Attraction?" VeryWellMind, August 8, 2022.

https://www.verywellmind.com/understanding-and-usingthe-law-of-attraction-3144808.

Lielacher, Alex. "How to Invest in Tokenized Stocks Using Trust Wallet." Trust Wallet, November 10, 2021. https://trustwallet.com/blog/how-to-invest-in-tokenizedstocks.

"What Are Crypto Exchange Traded Products?" Ficas. https://ficas.com/blog/crypto-exchange-traded-products/.

"Fiat Money vs. Cryptocurrency." Gemini, June 28, 2022. https://www.gemini.com/cryptopedia/fiat-vs-crypto-digitalcurrencies.

Mehta, Rishi. "Hashing Algorithms, the Brain of Blockchain

Hooper, Anatol. "Transaction Fees, Explained." Cointelegraph, November 2, 2020. https://cointelegraph.com/explained/transaction-feesexplained.

Spade, Jack. "A Complete History of Bitcoin Forks." CryptoVantage, June 16, 2022. https://www.cryptovantage.com/guides/a-complete-historyof-bitcoin-forks/.

"What is a DEX (Decentralized Exchange)?" Chainlink, May 10, 2022. https://blog.chain.link/dex-decentralizedexchange/.

Frankenfield, Jake. "Initial Coin Offering (ICO)." Investopedia, July 7, 2022. https://www.investopedia.com/terms/i/initial-coin-offeringico.asp.

Jančis, Mindaugas. "How to Create a Good and Strong Password." Cybernews, August 4, 2022. https://cybernews.com/best-password-managers/how-tocreate-a-strong-password/.

Sarkar, Arijit. "Trezor Investigates Potential Data Breach as Users Cite Phishing Attacks." Cointelegraph, April 3, 2022.

https://cointelegraph.com/news/trezor-investigatespotential-data-breach-as-users-cite-phishing-attacks.

Wood, Jackson. "Understanding DeFi and Its Importance in the Crypto Economy." CoinDesk, January 20, 2022. https://www.coindesk.com/tech/2022/01/20/understandingdefi-and-its-importance-in-the-crypto-economy.

Little, Kendall. "Want to Buy Crypto? Here's What to Look for in a Crypto Exchange." NextAdvisor, May 3, 2022. https://time.com/nextadvisor/investing/cryptocurrency/what-are-cryptocurrency-exchanges/.

"What Are Single-Chain and Multi-Chain Wallets." Medium, May 14, 2019. https://medium.com/@support_34903/whatare-single-chain-and-multi-chain-wallets-dc0ce4f21f71.

Lielacher, Alex. "Hot Wallets vs Cold Wallets: What's the Difference?" Alexandria, 2021. https://coinmarketcap.com/alexandria/article/hot-walletsvs-cold-wallets-whats-the-difference.

Rosson, Maxi. "The Best Ways to Protect the Seed Phrases of Your Crypto Wallets." Medium, April 15, 2022. https://medium.com/the-crypto-bookstore/the-best-waysto-protect-the-seed-phrases-of-your-wallets150bb10ea1da.

Bitcoin Wiki. 2022. "Seed Phrase." July 12, 2022. https://en.bitcoin.it/wiki/Seed_phrase.

"What is Two-Factor Authentication (2FA)?" Authy. https://authy.com/what-is-2fa/.

Lodha, Chandan. "2022 Crypto-Exchange Fee Comparison." CoinTracker, July 22, 2022. https://www.cointracker.io/blog/2019-crypto-exchange-feecomparison.

"The Ultimate Guide on Cryptocurrency Security." Medium, November 3, 2021. https://fintelics.medium.com/theultimate-guide-on-cryptocurrency-security-7738d1aafc74. 28.

Ways to Keep Your Crypto Safe." Medium, September 30, 2021. https://medium.com/coinmonks/9-ways-to-keepyour-crypto-safe-d969aa791070.

"Crypto Security 101: Securing Your Wallet." Medium, February 20, 2022. https://noahjd.medium.com/cryptosecurity-101-securing-your-wallet-d324a95c525d.

"What Happened to Mt. Gox? Who Stole the Bitcoins?" Productmint. https://productmint.com/what-happened-tomt-gox/.

"What is Fundamental Analysis in Crypto Trading?" Medium, September 17, 2021. https://medium.com/exmoofficial/what-is-fundamental-analysis-in-crypto-tradingb72a25bf1ba8.

"How to Do Technical Analysis for Cryptocurrency." Medium, March 11, 2021. https://medium.com/stormgaincrypto/how-to-do-technical-analysis-for-cryptocurrencye1ae6d3f7665.

Hussey, Matt. "Who Are the Fastest Growing Developer Communities in Crypto?" Decrypt, April 16, 2021. https://decrypt.co/66740/who-are-the-fastest-growingdeveloper-communities-in-crypto.

"What is Market Capitalisation (Market Cap) and Why Does It Matter?" Bitpanda.

DiLallo, Matthew. "Understanding Portfolio Diversification." The Motley Fool, June 30, 2022. https://www.fool.com/investing/how-to-invest/portfoliodiversification/.

Warren, Rachel, Travis Hoium, and Connor Allen. "3 Investors Discuss Their Approach to Holding Cash in Their Portfolios." The Motley Fool, December 19, 2021.

https://www.fool.com/investing/2021/12/19/3-investorsdiscuss-their-approach-to-holding-cash/.

"Use Dollar-Cost Averaging to Build Wealth Over Time." Investopedia, December 5, 2021. https://www.investopedia.com/investing/dollar-costaveraging-pays/.